Kleist | Prinz Friedrich von Homburg

Lektüreschlüssel XL

für Schülerinnen und Schüler

Heinrich von Kleist

Prinz Friedrich von Homburg

Von Wolf Dieter Hellberg

Reclam

Dieser Lektüreschlüssel bezieht sich auf folgende Textausgabe:
Heinrich von Kleist: *Prinz Friedrich von Homburg*. Hrsg. von Wolf Dieter Hellberg. Stuttgart: Reclam, 2015. (Reclam XL. Text und Kontext, 19239.)
Diese Ausgabe des Werktextes ist seiten- und zeilengleich mit der in Reclams Universal-Bibliothek Nr. 178.

E-Book-Ausgaben finden Sie auf unserer Website
unter www.reclam.de/e-book

Lektüreschlüssel XL | Nr. 15462
2017 Philipp Reclam jun. GmbH & Co. KG,
Siemensstraße 32, 71254 Ditzingen
Druck und Bindung: Canon Deutschland Business Services GmbH,
Siemensstraße 32, 71254 Ditzingen
Printed in Germany 2017
RECLAM ist eine eingetragene Marke
der Philipp Reclam jun. GmbH & Co. KG, Stuttgart
ISBN 978-3-15-015462-5

Auch als E-Book erhältlich

www.reclam.de

Inhalt

1. Schnelleinstieg

Autor	Heinrich von Kleist (1777–1811), deutscher Dramatiker, Lyriker und Publizist
Gattung	*Prinz Friedrich von Homburg* ist ein nach den Regeln der griechischen Tragödie verfasstes Schauspiel
Epoche	Klassik, Romantik
Entstehungszeit und Uraufführung	• verfasst 1809/10 • am 14. Oktober 1821 am Burgtheater in Wien unter dem Titel *Die Schlacht von Fehrbellin* uraufgeführt
Ort und Zeit der Handlung	• historisch datierbar und lokalisierbar: Schlacht von Fehrbelin zwischen preußischen und schwedischen Truppen im Juni 1675 • Orte: Schauplätze des Geschehens sind Schloss und Garten in Berlin, der Platz der Schlacht bei Fehrbellin

Vor der Schlacht von Fehrbellin finden der Kurfürst und der Hofstaat den jungen preußischen Reitergeneral Prinz Friedrich von Homburg schlafwandelnd, träumend, einen Kranz flechtend auf einer Bank. Kurz danach überhört der Prinz bei der Befehlsausgabe übermüdet und abgelenkt durch seine Gedanken an die heimlich geliebte Prinzessin Natalie den Angriffsplan des Kurfürsten von Brandenburg Friedrich Wilhelm I., des »Großen Kurfürsten« (1620–1688). Mehrfach wird der Befehl wiederholt, nicht ohne ausdrückliche Order, nicht eigenmächtig in den Kampf einzugreifen. Dennoch wirft sich der Prinz mit seiner Reiterei ohne ausdrücklichen Befehl vorzeitig in die Schlacht. Er verzeichnet zwar einen Teilsieg, dennoch verurteilt ihn der Kurfürst wegen Gehorsamsverweigerung zum Tode. Verzweifelt bittet der Prinz um Begnadigung; angesichts seines schon vorbereiteten Grabes verzagt er vollends. Der Prinzessin Natalie gelingt es, dem Kurfürsten die Begnadigung abzuringen, allerdings nur unter der Voraussetzung, dass der Prinz das Urteil als ungerecht bezeichnet. Doch das kann der Prinz nicht mit seinem Gewissen vereinbaren, er entschließt sich zum Tod. Der Prinz wird zur Exekution geführt und vor den Offizieren und dem Hofstaat durch den Kurfürsten begnadigt. Sein Eingeständnis des Fehlverhaltens hat dem Kurfürsten die Möglichkeit zur Begnadigung eröffnet. Mit dem kollektiven Schlachtruf »In den Staub mit allen Feinden Brandenburgs« wird der Kampf gegen die Schweden wieder aufgenommen.

Zwar bedient sich Kleist in seinem Drama zum Teil historischer Personen und Geschehnisse, geht dabei aber sehr frei mit den historischen Grundlagen um, um den Konflikt zwischen den Anforderungen des Staates, den Normen der Gesellschaft und der Freiheit des Individuums als Utopie einer neuen Gesellschaft darzustellen.

2. Inhaltsangabe

Erster Akt

Der ersten vier Szenen spielen im nächtlichen Garten eines Schlosses in Fehrbellin.

Erster Auftritt: Zu Beginn des Dramas sitzt der General der Reiterei, Prinz von Homburg, ganz unsoldatisch halb schlafend, halb wachend, ohne Kopfbedeckung, mit offener Uniform unter einer Eiche und windet einen Kranz. Aus dem Schloss treten der Kurfürst, seine Frau, seine Nichte Prinzessin Natalie, der Graf Hohenzollern und andere Figuren, die heimlich auf der Rampe, die in den Garten führt, verharren und den Prinzen beobachten.

■ Der schlafwandelnde Prinz

Der Graf Hohenzollern vermittelt dem Kurfürsten und zugleich dem Zuschauer die Ausgangssituation: Der Prinz von Homburg habe drei Tage lang die flüchtigen Schweden mit seiner Reiterei verfolgt, nur kurz solle er nun in Fehrbellin ausruhen, um sich dann in der Nacht zur Schlacht gegen das schwedische Heer unter dem Oberbefehl des Generals von Wrangel bereitzumachen.

■ Vorgeschichte

Doch als die gesamte Reiterei kampfbereit ausrücken will, fehlt der Prinz von Homburg. Nachdem man ihn überall gesucht hat, findet man ihn schließlich vor dem Schloss auf einer Bank, halb schlafend wie einen Nachtwandler.

■ Der verschlafene Einsatz

Die Hofgesellschaft nähert sich nun dem Prinzen und erkennt, dass er einen Lorbeerkranz flicht. Der

Kurfürst nutzt die träumerische Umnachtung des Prinzen aus, umwindet den Kranz mit seiner Halskette und reicht ihn der Prinzessin Natalie, die den Kranz hochhält und vor dem Prinzen, der sich erhoben hat, zurückweicht.

■ Die unterbewussten Wünsche des Prinzen

Der Prinz verrät nun schlafwandelnd seine geheimsten Wünsche, wenn er die Prinzessin als seine Braut bezeichnet, den Kurfürsten Vater und die Kurfürstin Mutter nennt.

■ Der verhängnisvolle Handschuh

Als er nach dem Kranz greift, erhascht er zufällig einen Handschuh der Prinzessin. Der Kurfürst versucht, bevor er mit der Hofgesellschaft im Schloss verschwindet, den Prinzen auf den Boden der Wirklichkeit zurückzurufen und ruft dem Träumenden zu, dass man »solche Dinge« nicht im Traum erringe.

Zweiter Auftritt: Der zweite Auftritt besteht nur aus einer Regieanweisung, die die Verwirrung des noch immer schlafenden Prinzen über den fremden Handschuh in seiner Hand durch dessen Mimik und Gestik darstellt.

■ Das verordnete Verschweigen

Dritter Auftritt: Im kurzen dritten Auftritt überbringt ein Page dem Graf Hohenzollern die Bitte des Kurfürsten, gegenüber dem Prinzen kein Wort über das zuvor Geschehene, seinen »Scherz« (V. 83) mit dem Prinzen, zu verlieren.

■ Homburgs Ohnmachtsanfall

Vierter Auftritt: Als der Graf Hohenzollern den Prinzen bei seinem Namen anspricht, um ihn zu wecken, fällt dieser in Ohnmacht, aus der er aber rasch wieder erwacht. Der Prinz glaubt zunächst, sich in seinem Zimmer zu befinden, und will nach Helm und

Rüstung greifen. Als er erkennen muss, dass er wieder einmal »unbewusst […] umgewandelt« (V. 115 f.) ist, versucht er, diese Tatsache zu überspielen. Er behauptet, wegen der Hitze im Zimmer in den Garten gegangen zu sein. Auch die Tatsache, dass sein Regiment schon aufgebrochen ist, scheint ihn nicht wirklich in Verlegenheit zu bringen, obwohl er doch zur Befehlsausgabe um zwei Uhr morgens hätte wieder im Hauptquartier sein müssen. Allerdings ist er besorgt, dass der Kurfürst Kenntnis von seinem nächtlichen Schlafwandeln erhalten könnte. In diesem Moment sieht er den Handschuh und glaubt sich an einen Traum zu erinnern, den er dem Grafen Hohenzollern erzählt. Tatsächlich aber schildert er das »Spiel« der Hofgesellschaft, überhöht allerdings dabei die Wirklichkeit zu einem göttlichen Geschehen, in dem ein »Genius des Ruhms« (V. 172) ihn wie einen Helden mit einem Lorbeerkranz gekrönt hat.

■ Traum als göttliches Geschehen

Dabei erinnert er sich, dass er im Traum einer weiblichen Gestalt, deren Namen ihm entfallen ist, einen Handschuh abgestreift hat, den er nun zu seiner Überraschung in der Hand hält.

■ Fehlende Erinnerung

Fünfter Auftritt: Die fünfte Szene spielt in einem Saal des Schlosses. Hier versammeln sich der Kurfürst, Generäle, Offiziere, der Feldmarschall Dörfling sowie der Prinz von Homburg, der nun den Handschuh in seine Reitjacke gesteckt hat. Die Kurfürstin und Natalie, beide in Reisekleidern, nehmen an der Seite des Saales Platz, wo ihnen ein Frühstück serviert wird, bevor sie in Sicherheit gebracht werden.

Befehlsausgabe an den abgelenkten Prinzen

Diese Szene hat zentrale Bedeutung für das Drama, denn auf der einen Seite wird den Truppenführern der Plan für die Schlacht mitgeteilt, auf der anderen Seite jedoch ist der Prinz von Homburg durch seine Verwirrung über den Handschuh so abgelenkt, dass er wichtige Details des Kriegsplans überhört. Während also der Feldmarschall auf Geheiß des Kurfürsten die Einsatzbefehle zur bevorstehenden Schlacht für jeden Truppenteil diktiert, starrt der Prinz wie gebannt zu den beiden Frauen hinüber. Zwar wird er vom Feldmarschall ausdrücklich aufgerufen, die Befehle zu notieren, aber der Anblick der beiden Frauen lenkt ihn immer stärker ab, zumal die Prinzessin ihren Handschuh sucht. Den Befehl, der ihm und seiner Reiterei gilt, nimmt er nur mit geteilter Aufmerksamkeit zur Kenntnis, denn die Prinzessin hat in eben diesem Moment ihren Handschuh zu Füßen des Prinzen gesehen, den dieser hat fallen lassen.

Der wiedergefundene Handschuh

Der Prinz überreicht ihn ihr und verfällt in einen träumerischen Zustand. Als der Feldmarschall den Prinzen auffordert, den Tagesbefehl für seine Reiterei noch einmal in Teilen zu wiederholen, wird deutlich, dass der Prinz vor allem den wichtigsten Teil, erst auf Befehl des Kurfürsten die Fanfare zum Angriff blasen zu lassen, offenbar überhört hat.

Warnung des Kurfürsten

Zum Schluss erinnert der Kurfürst den Prinzen daran, dass dieser durch unbedachtes Handeln schon zwei Siege »verscherzt« (V. 350) habe, und warnt ihn vor Unbesonnenheit, gehe es doch dieses Mal um »Thron und Reich« (V. 352).

Sechster Auftritt: In einem kurzen Monolog lässt der Prinz erkennen, dass er sich vom Glück begünstigt fühlt. Er glaubt, in dem Handschuh ein Zeichen Fortunas zu erkennen, und will in der Schlacht sein Glück vervollständigen.

Zeichen Fortunas – der Glücksmonolog

Zweiter Akt

Erster Auftritt: Der Schauplatz ist der linke Flügel der Armee auf dem Schlachtfeld von Fehrbellin. Die Reiterei hat ihre Ausgangsstellung unter dem Befehl des Obristen Kottwitz, eines altgedienten Militärs, eingenommen, man wartet auf den eigentlichen Befehlshaber der Reiterei, den Prinzen. Dieser hat in der Nacht zuvor einen leichten Reitunfall erlitten.

Homburgs Unfall

Zweiter Auftritt: Mit verbundener Hand erscheint der Prinz, der zuvor in einem Dorfkirchlein gebetet hat. Etwas verlegen fragt er Hohenzollern, welchen Befehl der Feldmarschall am Tag zuvor für ihn ausgegeben hat, und entschuldigt sich für seine Unkenntnis mit der Begründung, dass ihm das Diktieren »in die Feder [...] irr« (V. 421) mache. Aber auch die Wiederholung des Befehls geht in der Träumerei des Prinzen unter.

In diesem Augenblick fällt ein Kanonenschuss, und die Offiziere besteigen einen Hügel, um Überblick über die Schlacht zu bekommen. Die überraschten Fragen des Prinzen zur beobachteten Aufstellung der kämpfenden Truppen zeigen, dass er die gesamte Befehlsausgabe verträumt hat.

Der Schlachtbeginn

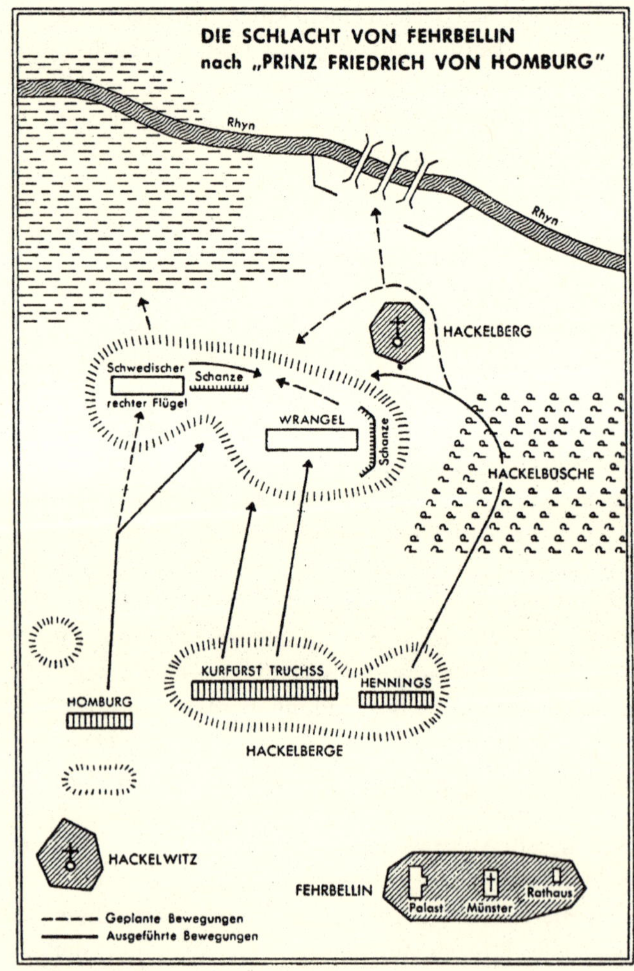

Abb. 1: Schlachtskizze nach Kleists Dramaturgie

Als der Prinz erkennt, dass die Schlacht offenkundig ohne ihn gewonnen wird, gibt er Befehl, die Fanfare zum Angriff blasen zu lassen, obgleich ihn Kottwitz zurückhalten will. Einen Offizier, der ihn entwaffnen will, lässt er umgehend wegen Ungehorsams degradieren und gefangen nehmen. Daraufhin wiederholt er den Angriffsbefehl und sichert allen zu, dass er diesen auf seine »Kappe« nehme.

Der befehlswidrige Angriff

Dritter Auftritt: In einer Bauernstube suchen Hofkavaliere eine Unterkunft für die Kurfürstin, die Prinzessin Natalie und Hofdamen, da ihr Wagen vor dem Dorf einen Achsbruch erlitten hat. Eine Weiterreise ist wegen des Siegs über die Schweden nicht mehr notwendig.

Vierter Auftritt: Die Kurfürstin erfährt vom vermeintlichen Tod ihres Mannes auf dem Schlachtfeld und bricht zusammen.

Der vermeintliche Tod des Kurfürsten

Fünfter Auftritt: Ein Rittmeister bestätigt diese Nachricht, ergänzt sie aber durch die verklärende Schilderung des Todes des Kurfürsten: »im Sonnenstrahl, die Bahn des Sieges erleuchtend« (V. 541) sei er auf seinem Schimmel tödlich getroffen worden. Sein Tod habe darauf den Prinzen zu einem wütenden Angriff auf die Schweden angespornt, nur der Brückenkopf am Rhyn habe die Schweden vor völliger Vernichtung bewahrt.

Bericht vom heldenhaften Tod des Kurfürsten

Sechster Auftritt: Als der Prinz eintritt, findet er die Kurfürstin ohnmächtig vor, liebevoll kümmert er sich nun um die Prinzessin, die ihn fragt, wer denn in Zukunft die Schweden »niederhalten« (V. 578) könne.

Sofort erklärt der Prinz sich bereit, diese Rolle zu übernehmen.

Das Liebesgeständnis des Prinzen

Zudem verspricht er der früh verwaisten besitzlosen Prinzessin indirekt die Heirat. Im Überschwang der Gefühle sinkt Natalie an seine Brust, reißt sich aber los, als er sie küsst. In diesem Augenblick vermisst der Prinz den Kurfürsten, der ihre Verbindung hätte segnen können.

Die glückliche Nachricht vom Überleben des Kurfürsten

Siebenter Auftritt: Ein Wachtmeister überbringt das Gerücht, der Kurfürst sei »gesund und wohl« (V. 619) gesehen worden.

Achter Auftritt: Tatsächlich wird dies Gerücht einen Augenblick später von einem Augenzeugen bestätigt, der auch die genauen Umstände schildert:

Die Rettung des Kurfürsten und Frobes Tod

Nicht der Kurfürst habe den Schimmel geritten, sondern sein treuer Stallmeister Frobe, der ihn mit dem Tausch aus dem feindlichen Feuer habe retten wollen. So habe die tödliche Kugel ihn und nicht den Kurfürsten getroffen.

Der Kurfürst, so erfährt der Prinz, ist mit der gesamten Generalität sofort nach Berlin geeilt, nachdem er zuvor im Lager noch den Waffenstillstand ausgerufen und Friedensverhandlungen eingeleitet hat.

Auch der Prinz will sich sofort nach Berlin begeben, zuvor jedoch bittet er die Kurfürstin, seine Verbindung mit der Prinzessin zu befürworten. Diese mag ihm seinen Wunsch als Sieger der Schlacht nicht gänzlich abschlagen, verspricht ihm aber auch nichts, dennoch ist der Prinz überglücklich.

Neunter Auftritt: Noch einmal wechselt der

Schauplatz. Im Lustgarten vor dem alten Schloss haben sich zur Beisetzung Frobes der Kurfürst, der Feldmarschall Dörfling, Obristen, Offiziere und eine Volksmenge versammelt, im Hintergrund ist die hell erleuchtete Schlosskirche zu sehen.

Rückkehr nach Berlin

Wütend erklärt der Kurfürst, dass derjenige, der die Reiterei verfrüht in die Schlacht geführt hat, vor ein Kriegsgericht gestellt und mit dem Tod bestraft werde. Dann versichert er sich nach einer kurzen Pause beim Grafen Truchß, dass der Prinz von Homburg die Reiterei nicht angeführt habe. Dieser erklärt, dass der Prinz sich vor Beginn der Schlacht beim Sturz verletzt und daher seine Truppe nicht geführt habe. Darauf wiederholt der Kurfürst sein Todesurteil und betont, dies gelte ausnahmslos für jeden.

Das Todesurteil über den Führer der Reiterei

Zehnter Auftritt: Bevor der Kurfürst die Kirche betreten kann, erscheint der Prinz von Homburg mit drei erbeuteten schwedischen Fahnen in Begleitung von Kottwitz, der zwei Fahnen mit sich führt, dem Graf Hohenzollern und anderen Offizieren.

Der Kurfürst ist überrascht, hielt er den Prinzen doch für schwer verletzt. Als der Prinz seine Frage, ob er die Reiterei befehligt habe, bejaht, und zur Bestätigung des Sieges die Fahnen vor dem Kurfürsten niederlegt, befiehlt der Kurfürst, ihn unverzüglich zu entwaffnen und gefangen zu nehmen.

Die Festnahme des Prinzen

Scheinbar ungerührt wendet er sich Kottwitz und dessen erbeuteten Fahnen zu und überhört bewusst dessen Fragen.

Der Prinz ist völlig verwirrt, doch der Graf Hohen-

Homburgs Verwirrung und Kritik am Kurfürsten

zollern weist ihn auf sein befehlswidriges Verhalten hin. Er versucht, den Prinzen damit zu beruhigen, dass er möglicherweise am nächsten Tag schon wieder frei sein werde. Allerdings hat er die unmissverständliche Verurteilung durch den Kurfürst für die Befehlsverweigerung nicht mitbekommen. Während der Prinz seinen Degen abgibt, kritisiert er das Verhalten des Kurfürsten als tyrannisch und undeutsch. Der Kurfürst überhört die Provokation und gibt den Befehl, den Prinzen ins Hauptquartier nach Fehrbellin vor das Kriegsgericht zu bringen.

Dritter Akt

Hohenzollerns Besuch im Kerker und Homburgs Optimismus

Erster Auftritt: Der Graf Hohenzollern besucht den gefangenen Prinzen in seinem Kerker. Dieser glaubt zunächst, er bringe ihm seine Begnadigung. Auf Nachfrage berichtet der Graf von der Siegesfeier in Berlin, bei der man auch den Prinzen erwähnt habe.

Als der Graf fragt, wie der Prinz seine Lage selbst einschätze, gibt dieser sich optimistisch und glaubt an seine Freilassung, denn der Kurfürst habe immer großes Interesse an seiner Entwicklung gehabt und könne ihn doch nun wegen einer so geringen Übertretung nicht hinrichten lassen. Selbst der Hinweis darauf, dass das Todesurteil schon gesprochen sei, kann den Prinzen nicht von seiner Zuversicht abbringen, denn das Kriegsgericht habe doch formal so entscheiden müssen.

Erst als der Graf erwähnt, dass dem Kurfürst das Todesurteil zur Unterschrift vorliege und dass der Kurfürst zudem »aufs empfindlichste« (V. 921) getroffen sei, weil die Prinzessin Natalie ein Heiratsgesuch des schwedischen Königs zurückgewiesen hat, da sie schon »gewählt« habe, verliert der Prinz seine Zuversicht. Jetzt ist er sicher, dass er den Heirats- und Friedensplänen des Kurfürsten im Wege ist. Verzweifelt bittet er den Grafen um Rat. Dieser empfiehlt, die Kurfürstin als Vermittlerin einzuschalten und sich von der Prinzessin loszusagen, um dem Kurfürsten damit freie Hand gegenüber dem schwedischen König Karl zu geben.

Der Stimmungsumschwung

Zweiter Auftritt: Der Prinz macht sich sofort auf den Weg und wird vom wachhabenden Offizier – auf sein Ehrenwort, in den Kerker zurückzukommen – freigelassen.

Dritter Auftritt: Die folgenden drei Szenen spielen im Zimmer der Kurfürstin. Die Kurfürstin rät Natalie, umgehend den Kurfürsten aufzusuchen, um Homburgs Leben zu retten.

Vierter Auftritt: In diesem Augenblick wird den beiden Frauen die Ankunft des Prinzen angekündigt.

Fünfter Auftritt: Verzweifelt kniet der Prinz vor der Kurfürstin nieder, fleht sie an, ihm zu helfen. Er gesteht ihr seine Todesangst, denn auf seinem Weg habe er im Schein der Fackeln sein vorbereitetes Grab gesehen. Während die Prinzessin weinend zusammensinkt, fordert die Kurfürstin ihn auf, sein Schicksal anzunehmen.

Todesangst

Der verzweifelte Prinz

Doch der Prinz erbittet nur noch das nackte Leben und ist bereit, sogar unehrenhaft aus der Armee auszuscheiden. Als die Kurfürstin ihm unter Tränen gesteht, dass sie sich für ihn ohne Erfolg beim Kurfürsten eingesetzt hat, ist der Prinz sogar bereit, auf die Prinzessin zu verzichten, und gibt vor, sie nicht mehr zu lieben. Er rät ihr, in ein Kloster zu gehen und ein Kind zu adoptieren, um ihm – wie er zynisch hinzusetzt – beizubringen, »wie man den Sterbenden die Augen schließt« (V. 1051).

Natalies Ermutigung

Natalie hat sich im Gegensatz zum Prinzen gefasst, sie ist bereit, sich für ihn beim Kurfürsten einzusetzen. Wenn dieser jedoch das Urteil nicht ändere, müsse er es akzeptieren. Sie rät ihm, noch einmal das Grab anzusehen, schließlich habe er schon »tausendmal« in Schlachten sein Leben aufs Spiel gesetzt.

Vierter Akt

Natalies Gespräch mit dem Kurfürsten

Erster Auftritt: Die erste Szene führt in das Arbeitszimmer des Kurfürsten. Natalie kniet vor dem Kurfürsten und bittet um das Leben des Prinzen. Sie betont dabei, dass es ihr nicht um ihr persönliches Glück gehe. Seinen Fehler sucht sie mit der Jugend des Prinzen zu entschuldigen. Zudem gibt sie zu bedenken, dass man den Sieger nicht erst bekränzen, dann enthaupten könne. Der Kurfürst betont, dass er kein Tyrann sei, und stellt ihr die Frage, welche Folgen eine Aufhebung des Gerichtsurteils für das Vaterland haben würde. Natalie versichert dem Kurfürsten, dass eine vom Herzen kommende Annullierung des Urteils das Vaterland eher stärken als schwächen könne. Auf die Frage des Kurfürsten, ob es dem Prinzen gleich sei, ob im Vaterland Gesetz oder Willkür herrsche, muss die Prinzessin gestehen, dass der Prinz nur noch an »Rettung« (V. 1148) denkt und sich völlig »verstört, [...] ganz unwürdig« (V. 1165) verhält. Daraufhin verkündet der Kurfürst überraschend, dass der Prinz frei sei, wenn er das Urteil »für ungerecht« (V. 1185) hielte. Er übergibt der Prinzessin einen Brief für den Prinzen.

Die Frage nach Gefühl oder Gesetz

Zweiter Auftritt: Die Prinzessin ist in ihr Zimmer zurückgekehrt und erhält durch den Grafen Reuß einen Brief von ihrem Regiment. Obrist Kottwitz setzt sich darin im Namen von weiteren dreißig Offizieren des Regiments der Prinzessin für den Prinzen ein und bittet darum, dass die Prinzessin als »Chef« (V. 1226) ihre Unterschrift an die erste Stelle setzen möge. Obgleich die Prinzessin dem Grafen die mögliche Begnadigung des Prinzen in Aussicht stellt, ist sie doch bereit, die Bittschrift zu unterschreiben. Dabei fällt ihr auf, dass nur ihr Regiment, nicht aber die Offiziere der gesamten Reiterei den Brief unterschrieben haben. Graf Reuß klärt die Prinzessin darüber auf, dass Kottwitz sich nicht in der Stadt befindet, sondern im entfernter liegenden Arnstein, und dass er aus Vorsicht keinen Offizier in die Stadt gesandt hat, der die übrigen Offiziere zur Unterschrift hätte auffordern können. Er selbst will nicht ohne Befehl nach Fehrbellin kommen. Reuß versichert der

Die Bittschrift des Regiments der Prinzessin

Prinzessin, dass alle Offiziere die Bittschrift unterzeichnen würden.

Der vorgetäuschte Befehl

Nun greift die Prinzessin zu einer gewagten List: sie behauptet, der Kurfürst habe ihr aufgetragen, Kottwitz in die Stadt zurückzubeordern. Während sie den Befehl niederschreibt, ordnet sie nachdrücklich an, dass der Graf Reuss den Brief erst auf ihren Befehl hin nach Arnstein bringen darf.

Dritter Auftritt: Die Szene wechselt in Homburgs Gefängnis.

Auf einem Kissen sitzend, stellt der Prinz zynisch Überlegungen zu Leben und Tod an.

Der Brief des Kurfürsten

Vierter Auftritt: Zusammen mit dem Rittmeister Reuß und Hofdamen betritt Natalie das Gefängnis. Sie bittet darum, allein mit dem Prinzen zu sprechen und übergibt ihm den Brief des Kurfürsten. Da sie den Inhalt nicht kennt, verspricht sie dem Prinzen Begnadigung und Freiheit, dieser reagiert überrascht und meint: »Es ist ein Traum!« (V. 1305).

Als dieser jedoch den Brief laut vorliest, wird Natalie blass. Sofort hat sie die Absicht des Kurfürsten durchschaut und erkennt die Falle in der Formulierung, dass der Prinz nur schreiben solle, dass ihm »Unrecht […] widerfahren« (V. 1311) sei, um freigelassen zu werden.

Ringen um eine Antwort

Die Prinzessin drängt den Prinzen, bevor dieser weiter nachdenken kann, den Brief sofort zu beantworten. Sie entreißt ihm sogar den Brief des Kurfürsten, als der Prinz ihn zum zweiten Mal lesen will, und bricht in Tränen aus. Zunächst ringt der Prinz bei der

Beantwortung des Briefes um die Wortwahl, zerreißt erst einmal die Antwort und liest gegen den Willen von Natalie den Brief des Kurfürsten ein zweites Mal. Erst jetzt versteht er, dass der Kurfürst ihn selbst zur »Entscheidung« (V. 1342) aufgerufen hat. Er fragt die Prinzessin überrascht, ob sie diese Stelle des Briefes übersehen habe. Jetzt versucht die Prinzessin ihn zu überzeugen, dass der Kurfürst die positive Antwort des Prinzen nur als »Vorwand« (V. 1347) benötige, um die »äußre Form« (V. 1348) zu wahren. Dennoch zögert der Prinz, den Brief mit der Bitte um Begnadigung zu schreiben. Während Natalie ihm noch einmal deutlich vor Augen führt, dass das Erschießungskommando schon für den nächsten Tag bereitsteht, verfasst der Prinz einen kurzen Brief, in dem er seine Schuld anerkennt. Er wolle, erklärt er Natalie, dem Kurfürsten nicht als »Unwürdiger« (V. 1381) gegenüber stehen. Die Prinzessin ist von der neugewonnene Würde des Prinzen beeindruckt, gesteht ihm erneut ihre Liebe und küsst ihn. Gleichzeitig aber verfolgt sie ihren eigenen Rettungsplan und übergibt dem Grafen Reuß den Befehl an Kottwitz, mit dem Regiment nach Fehrbellin zu kommen.

Wandlung und Antwort des Prinzen

Fünfter Akt

Die ersten neun Auftritte spielen wieder im Schloss in Fehrbellin, die beiden letzten Auftritte – wie zu Beginn des ersten Aktes – im Garten des Schlosses.

Erster Auftritt: Der Kurfürst erscheint – offenbar

aus dem Schlaf geweckt – »*halbentkleidet*« im Saal des Schlosses, gefolgt von Graf Truchß, dem Grafen Hohenzollern und dem Rittmeister von der Golz. Aus dem Fenster kann er beobachten, dass Kottwitz – offenkundig entgegen seinen Befehlen – Arnstein verlassen hat und mit den Dragonern der Prinzessin vor dem Schloss aufmarschiert ist. Zudem erfährt er, dass alle Generäle sich im Rathaus versammelt haben, auch seinen drei Offizieren erlaubt er, an der Versammlung teilzunehmen.

Ankunft von Kottwitz

Drohende Rebellion

Zweiter Auftritt: In einem kurzen Monolog überdenkt der Kurfürst seine Lage. Dem Anschein nach müsste er die Situation als drohende Rebellion einschätzen und Gegenmaßnahmen ergreifen. Aber weil Kottwitz dabei ist, will er die Sache ruhig »auf märksche Weise« (V. 1419) angehen, und ihn die Truppen still wieder nach Arnstein zurückführen lassen.

Bittschrift der Offiziere

Dritter Auftritt: Aufgeregt erscheint der Feldmarschall Dörfling, um dem Kurfürsten die Pläne der hundert Offiziere, die sich im Rathaus versammelt haben, mitzuteilen: Die Offiziere seien dabei, eine Bittschrift zugunsten des Prinzen zu unterschreiben, sollten sie damit keinen Erfolg haben, wollten sie den Prinzen »mit Gewalt befrein« (V. 1447). Der Feldmarschall beschwört den Kurfürsten, den Prinzen rasch zu begnadigen, bevor die Angelegenheit eskaliere.

Warnung vor einer Eskalation

Doch der Kurfürst wendet ein, dass man zunächst den Prinzen befragen müsse, denn der sei ja nicht aus »Willkür« (V. 1470) gefangengenommen worden, wie

Dörfling ja selbst wisse. Damit unterstreicht der Kurfürst die Rechtmäßigkeit seines Handelns.

Der Brief Homburgs

Vierter Auftritt: Ein Bote meldet dem Kurfürsten die Bitte der Offiziere, gehört zu werden, ein zweiter Bote überbringt gleichzeitig den Brief des Prinzen. Nachdem der Kurfürst den Brief gelesen hat, und damit die Entscheidung des Prinzen kennt, gibt er den Befehl, ihm das Todesurteil zu bringen und zugleich den Pass des schwedischen Gesandten Gustav Graf von Horn, was eine Zurückweisung der Hochzeitspläne für Natalie bedeutet. Dann erst lässt er die Offiziere kommen.

Fünfter Auftritt: Der Obrist Kottwitz tritt mit Offizieren in den Saal. Bevor der Kurfürst die Bittschrift des »gesamten Heers« (V. 1484) nimmt, fragt er Kottwitz, wer ihn und sein Regiment in die Stadt gerufen habe. Überrascht zeigt dieser ihm den Befehl, den die Prinzessin unterzeichnet hat. Die Frage von Kottwitz, ob alles seine Richtigkeit habe, beantwortet der Kurfürst, indem er geschickt vorgibt, er habe Kottwitz und sein Regiment nach Fehrbellin beordert, da sie dazu ausersehen seien, dem Prinzen die letzte Ehre zu erweisen.

Schließlich äußert der Kurfürst Verständnis dafür, dass sich die Offiziere für den Prinzen einsetzen, vergewissert sich allerdings noch, dass diese Bittschrift ohne Wissen des Prinzen erstellt worden ist.

Diskussion mit Kottwitz

Nach gründlicher Lektüre des Briefes äußert der Kurfürst zunächst sein Erstaunen darüber, dass Kottwitz das befehlswidrige Verhalten des Prinzen verteidigt. Kottwitz verweist darauf, dass mit dem Angriff des Prinzen ja ein Sieg erzielt worden sei. Doch der Kurfürst erläutert, mit dem verfrühten Angriff sei die völlige Vernichtung des Feindes verhindert worden. Den Einwand von Kottwitz, man werde in kurzer Zeit den endgültigen Sieg erringen, weist der Kurfürst vehement zurück. Er wolle keinen zufällig erzielten Sieg, sondern die Einhaltung von Gesetzen, nur diese seien Ausdruck der Ordnung des Staates und damit Grundlagen des Bestands dieses Staates. Kottwitz setzt dieser Auffassung seine idealistische Gegenposition entgegen: Nicht des Geldes oder der Ehre wegen setze er sein Leben im Kampf ein, sondern »frei [...] im Stillen« und »unabhängig« (V. 1592) entscheide er sich um des Ruhms und der Herrlichkeit des »großen Namens« (V. 1593 f.) willen für den Kurfürsten. So müsse ihm auch die Möglichkeit eines eigenständigen Handelns aus der Situation heraus zugestanden werden, wie sie der Prinz ergriffen habe. Der Kurfürst lässt darauf, um seine Haltung zu stützen, den Prinzen aus dem Gefängnis holen, dessen Meinung er – im Gegensatz zu den anderen – schon kennt. Während dessen wird dem Kurfürsten von Graf Hohenzollern eine zweite Schrift überreicht, in der dieser dem Kurfürsten selbst die Schuld an dem befehlswidrigen Eingreifen des Prinzen gibt. Durch sein nächtliches Spiel mit dem geistesabwesenden Prinzen im Schlossgarten habe er diesen abgelenkt von der Verkündung des Schlachtplans. Verärgert kehrt der Kurfürst die Schuldzuweisung um: Graf

■ Hohenzollerns Argumente gegen das Urteil

Hohenzollern habe doch die Hofgesellschaft erst zu dem Prinzen geführt.

Sechster Auftritt: Die Ankunft des Prinzen wird angekündigt, sie habe sich etwas verzögert, weil der Prinz zuvor noch das für ihn vorbereitete Grab habe sehen wollen.

Homburgs Schuldeingeständnis

Siebenter Auftritt: Als der Prinz auftritt, übergibt ihm der Kurfürst die Bittschrift der Offiziere. Nach flüchtiger Lektüre dankt der Prinz Kottwitz und damit auch allen Offizieren für dieses Schreiben, teilt aber zugleich seinen Entschluss mit, das Todesurteil zu »erdulden« (V. 1745). Den überraschten Offizieren erläutert er seine Entscheidung. Durch seinen »freien Tod« (V. 1752) wolle er einerseits das »heilige Gesetz des Kriegs« (V. 1751), das er gebrochen habe, »verherrlichen« (V. 1752), andererseits durch seine freie Entscheidung den »Feind« im seinem Innern, den »Trotz, den Übermut« (V. 1757) besiegen. Danach wendet der Prinz sich an den Kurfürsten, kniet vor ihm nieder, erkennt sein fehlerhaftes Verhalten an und bittet um Verzeihung und Versöhnung. Allerdings erbittet er in dieser »Abschiedsstunde« (V. 1774) noch die Gnade, den Frieden mit Schweden nicht durch die Verheiratung Natalies zu erkaufen, sondern den Kampf wieder aufzunehmen. Gerührt gewährt der Kurfürst dem Prinzen diese Gnade, küsst seine Stirne zum Zeichen der Versöhnung und lässt ihn wieder ins Gefängnis zurückbringen.

Achter Auftritt: In diesem Augenblick treffen Natalie und die Kurfürstin im Saal des Schlosses auf den

Prinzen, der sich jedoch weder von Natalie noch von seinen Offizieren aufhalten lassen will.

Die Begnadigung

Neunter Auftritt: Kottwitz und die versammelten Offiziere sind erbittert und bitten darum, gehen zu dürfen, doch der Kurfürst hält sie zurück. Zunächst schickt er dem schwedischen Grafen Horn seinen Pass als Hinweis darauf zurück, dass eine Heirat Natalies nicht in Aussicht steht und lässt zugleich ausrichten, dass der Krieg in drei Tagen fortgesetzt wird. Dann wendet sich der Kurfürst an die Offiziere und fragt diese, ob sie bereit seien, dem Prinzen trotz der verschenkten Siege ein viertes Mal zu folgen. Nach der begeisterten Zustimmung von Kottwitz zerreißt der Kurfürst das Todesurteil und führt die Gesellschaft in den Schlossgarten.

Monolog des Prinzen angesichts des Todes

Zehnter Auftritt: Die beiden letzten Auftritte spielen – wie die Anfangsszenen – nachts im Garten des Fehrbelliner Schlosses. Der Prinz wird unter dem Trommelklang des Totenmarsches mit verbundenen Augen herbeigeführt. Sein Monolog eröffnet dem Zuschauer die weltabgerückte Seelenlage des Prinzen, der sich schon zur »Unsterblichkeit« (V. 1830) erhöht fühlt und in poetischen Bildern den Tod vorausahnt.

Die erneute Krönung

Elfter Auftritt: Währenddessen tritt – wie zu Beginn des Dramas – die Hofgesellschaft, angeführt vom Kurfürsten und seiner Frau sowie der Prinzessin Natalie, auf die Rampe. Noch glaubt der Prinz, als man ihn bittet aufzustehen, seine letzte Stunde sei angebrochen. Ein Offizier nimmt ihm die Binde von den Augen und nun erblickt der Prinz eine (Theater-) Szene wie am Anfang des Dramas: der Kurfürst hält den Lorbeerkranz mit der goldenen Kette in der Hand und übergibt sie an die Prinzessin. Diese setzt dem Prinzen den Lorbeerkranz auf, hängt ihm die Kette um den Hals und »*drückt seine Hand an ihr Herz*« (nach V. 1850). Überwältigt von dem unerwarteten Ereignis, fällt der Prinz in Ohnmacht, wird aber sogleich wieder durch Kanonendonner, einen Marsch und Illumination des Schlosses zum Geschehen zurückgeholt. Wie schlafwandelnd fragt der Prinz Kottwitz, ob alles ein Traum sei. Doppeldeutig antwortet Kottwitz: »Ein Traum, was sonst?« (V. 1859), um dann in den Schlachtruf einzustimmen: »In [den] Staub mit allen Feinden Brandenburgs!« (V. 1858).

■ Ein Traum?

3. Figuren

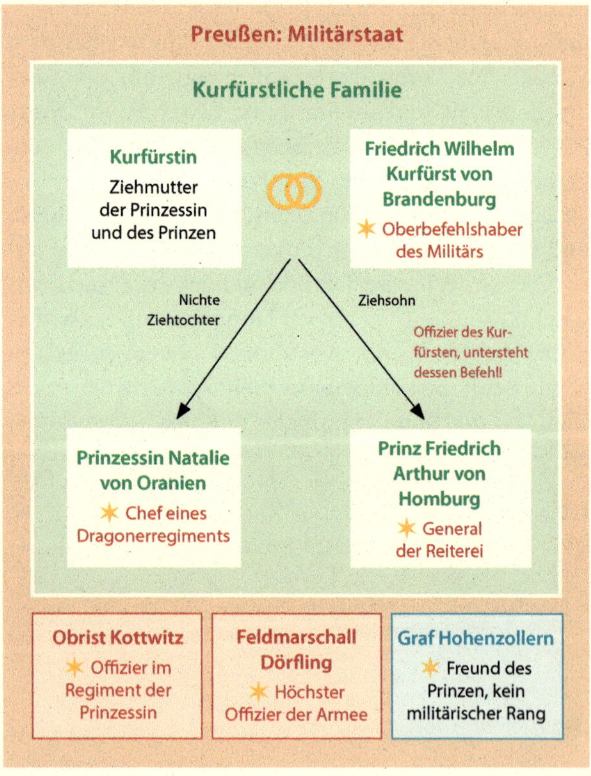

- Angehörige des Militärs
- Adel, Kurfürstliche Familie
- freundschaftliches Verhältnis

Abb. 2: Figurenkonstellation

Prinz Friedrich Arthur von Homburg

Die zentrale Figur des Dramas ist Prinz Friedrich von Homburg, der General der Reiterei des »Großen Kurfürsten«. Zwar hatte Kleist damit den Namen einer historischen Person gewählt, änderte aber das Alter, den Charakter, das Motiv des Eingreifens und die Lebensumstände deutlich. Der historische Prinz Friedrich von Homburg (1633–1708) war deutlich älter, hatte zudem im Ersten Nordischen Krieg (1655–60) im Kampf gegen den Kurfürsten von Brandenburg den rechten Unterschenkel verloren und trat erst 1670, nachdem er in

Das historische Vorbild

Abb. 3: Prinz Friedrich II. von Hessen-Homburg.
© Wikimedia Commons / Foto: Ziegelbrenner

zweiter Ehe eine Nichte des Großen Kurfürsten geheiratet hatte, als General der Kavallerie in die brandenburgische Armee ein. Der 42-jährige General war sicherlich kein unbedachter Phantast, als er in der Schlacht bei Fehrbellin (am 28. Juni 1675) als Führer der Vorhut ohne Befehl den Kampf eröffnete und der schwedischen Armee schwere Verluste zufügte. Dieser Kampfeinsatz zog auch keinen Prozess nach sich.

■ Louis Ferdinands von Preußen Befehlsverweigerung

Sehr viel stärker erinnert die Charakteristik der Hauptfigur an den Prinzen Louis Ferdinand von Preußen (1772–1806), der in der Schlacht von Saalfeld (10. Oktober 1806) den Tod fand. Der Prinz hatte befehlswidrig in die Schlacht eingegriffen und war dabei gefallen.

■ Homburgs Charakter und Fehlverhalten

Der Prinz ist in diesem Schauspiel die zentrale Figur, auf die die wesentlichen Handlungsfäden ausgerichtet sind. Schon in der ersten Szene wird der widersprüchliche Charakter erkennbar. Während der Graf Hohenzollern voller Hochachtung vom unerschrockenen militärischen Einsatz des Prinzen spricht, macht er den Kurfürsten zugleich auf das völlig unmilitärische Verhalten des Prinzen aufmerksam: Der Prinz hat den vereinbarten Zeitpunkt zum Aufbruch seiner Reiterei verpasst, ist zunächst nicht auffindbar und wird zufällig halb schlafend wie ein »Nachwandler« (V. 24) mit offener Uniform im Garten des Schlosses gefunden, wo er träumend einen Lorbeerkranz flicht. Dass der Kurfürst, die Kurfürstin und die Prinzessin Natalie sofort in tiefer Sorge um die Gesundheit des Prinzen sind, beweist, wie hoch der Prinz am

■ Nachtwandler

Hof des Kurfürsten geschätzt wird. In seiner nachtwandlerischen träumerischen Stimmung verrät der Prinz nun den Anwesenden seine innersten Wünsche und seine Sehnsucht nach Geborgenheit, indem er den Kurfürsten als Vater, die Kurfürstin als Mutter und Natalie als seine Braut anspricht. Zwar hat der Kurfürst das Spiel mit dem Kranz und seiner Kette und deren Übergabe an den träumenden Prinzen durch Natalie mitgespielt, letztlich aber zeigt seine radikale Ablehnung der Träumereien (»Ins Nichts mit Dir zurück«, V. 74) die Kluft zwischen höfischer Spielerei und militärischer Verantwortlichkeit.

Ohnmacht des Prinzen

Wie sehr dann die Traumwelt das Handeln und Denken des Prinzen bestimmt, zeigt sich im Augenblick des Erwachens. Als der Graf Hohenzollern den Prinzen anspricht, fällt dieser in Ohnmacht. Aus ihr erwachend, weiß er nicht einmal mehr, wo er ist. Umso besser erinnert er sich an das verhängnisvolle ›Theaterspiel‹, das er zunächst für einen Traum hält, obgleich er eine Art Beweis für die Wirklichkeit in der Hand hält, den Handschuh der Prinzessin.

Die unbewusste Gegenwelt

Fortan bestimmen nicht mehr der militärische Rang und die militärischen Erfordernisse das Handeln des Prinzen, sondern seine unterbewusste Gegenwelt. Hier träumt er sich in militärischen Ruhm, eine glückliche Liebesbeziehung zu Natalie und die Aufnahme in den engsten Familienkreis des Kurfürsten hinein. Bei der Befehlsausgabe ist der Prinz so abgelenkt und nur daran interessiert, das Geheimnis des Handschuhs zu lüften, dass er die strategischen Ausführungen, erst nach ausdrücklichem Befehl und nach dem Fanfarensignal eingreifen zu dürfen, trotz mehrfacher Wiederholung nicht zur Kenntnis nimmt.

Glaube an Fortuna

Schließlich offenbart der Prinz in seinem Monolog am Ende des ersten Akts sein euphorisches Glücksgefühl. Er sieht sich von der Glücksgöttin Fortuna ausersehen, in der kommenden Schlacht zu siegen. Damit wird deutlich, dass das vorzeitige Eingreifen in die Schlacht vor allem mit der Selbsttäuschung über seine Vorherbestimmung zusammenhängt.

Befehlsverweigerung

Während die Reiterei des Prinzen den siegreichen Schlachtverlauf beobachtet, trägt Obrist Kottwitz dem Prinzen noch einmal die Befehlslage vor. Trotzdem gibt der Prinz den Befehl zum Angriff. Er hat offenkundig Angst, den Sieg und seinen persönlichen Triumph zu verpassen. Zuvor lässt er noch einen Offizier, der ihn wegen Befehlsverweigerung aufhalten will, gefangen nehmen und gibt damit eine Parallele zu seinem eigenen Schicksal.

Vollstrecker des kurfürstlichen Willens

Noch deutlicher wird die Entfremdung des Prinzen von der Realität, als er vom vermeintlichen Tod des Kurfürsten erfährt: Spontan erklärt er der verzweifelten Prinzessin Natalie, dass er sich als »Vollstrecker […] [des] letzten Willens« (V. 586) des Kurfürsten sehe, sich also als legitimer Nachfolger des Kurfürsten empfinde und den Kampf siegreich beenden werde. Gleichzeitig gesteht er der Prinzessin seine schon lang währende Liebe und sieht sich im »Bund« (V. 610) mit ihr. Sein übersteigerter Ehrgeiz wird sichtlich gebremst, als er die Nachricht erhält, dass der Kurfürst lebt. Seine Reaktion ist daher zwiespältig, »schwer« – allerdings wie »Gold« (V. 638) – fällt die Nachricht in seine Brust. Noch immer aber glaubt er in euphorischer Zuversicht, dass sein Handeln vom Glück begünstigt sei und sein Sieg von allen anerkannt werde, zumal die Kurfürstin ihn wohlwollend als »Sieger in der Schlacht« anredet.

Hybris des Prinzen – Vergleich mit Cäsar

Die Ungeheuerlichkeit seines Anspruchs ergibt sich aus dem Ausruf des Prinzen: »O Cäsar Divus! Die Leiter setz ich an, an deinen Stern!« (V. 713 f.). Der Sage nach leuchtete nach Cäsars Tod sieben Tage lang ein Stern auf, dem man zu entnehmen glaubte, dass Cäsar unter die Götter versetzt sei. Mit diesem göttergleichen Cäsar nun vergleicht sich der Prinz, damit hat er sich sogar noch weit über den Kurfürsten erhoben.

Die überraschende Wende

Der Sturz kommt für den Prinzen völlig unerwartet und grundlos. In glücklicher Siegesstimmung legt er die erbeuteten Fahnen vor dem Kurfürsten nieder. Überrascht von der Frage nach seiner Verwundung und seiner Rolle beim Angriff, verweist er stolz auf seinen siegreichen Vorstoß. Aus seiner Hochstimmung reißt ihn jedoch der Befehl des Kurfürsten, den Prinzen gefangen zu nehmen.

Homburgs »deutsches Herz«

Und so glaubt der Prinz auch zunächst, überheblich und zynisch auf die Verhaftung reagieren zu können. Er unterstellt dem Kurfürsten Willkür und tyrannisches Verhalten und setzt dieser Haltung sein »deutsches Herz, von altem Schrot und Korn« (V. 784), entgegen, das »gewohnt [sei] an Edelmut und Liebe«

(V. 785). Er glaubt sogar, den Kurfürsten wegen dessen vorgetäuschter Härte »bedauren« (V. 788) zu müssen.

Fehleinschätzung des Prinzen

Noch zu Beginn des dritten Aktes vertraut der Prinz auf sein Gefühl, dass die Verhaftung nur eine staatspolitische Pflichtübung des Kurfürsten gewesen sei, währenddessen wirkliche Gefühle und das siegreiche Eingreifen des Prinzen zur Begnadigung, wenn nicht gar zu einer Belohnung führen werden. Wortreich erläutert er dem Grafen Hohenzollern, der ihm das bevorstehende Todesurteil schonend beibringen will, seine Begründung dafür, dass der Kurfürst ihn gar nicht verurteilen könne: Er sei dem Kurfürsten wie ein Sohn, und dieser habe seine Entwicklung stets mit großem Wohlwollen verfolgt; zudem falle sein Eingreifen in die Schlacht »[z]wei Augenblicke früher, als befohlen« (V. 849), nicht so schwer ins Gewicht.

Hohenzollerns Verdacht

Augenblicklich bricht aber seine nur auf dem Gefühl aufgebaute Illusion von der Harmonie mit dem Kurfürsten zusammen, als der Graf Hohenzollern andeutet, dass der Prinz möglicherweise die Pläne des Kurfürsten im Hinblick auf eine Heirat Natalies mit dem schwedischen König durchkreuzt habe. Erneut verkennt der Prinz sein eigentliches Vergehen und sucht nun verzweifelt die Unterstützung der Kurfürstin.

Verzicht auf alles

Völlig außer sich, beschwört er die Kurfürstin, ihn zu retten. Er hat das vorbereitete Grab gesehen und ist in seiner Todesangst bereit, auf alles zu verzichten:

auf seine militärische Laufbahn und seine Liebe; er will sich nur noch auf seine Güter zurückziehen.

Zynische Zurückweisung der Geliebten

Ein möglicher Tod in der Schlacht schien abstrakt, mit Ehre und Pathos angereichert: Der Tod, der sich ihm im offenen Grab ankündigt, ist unmittelbar und ohne jeglichen Stolz. Entsetzt vergisst der Prinz sich in seiner Todesfurcht so weit, dass er seiner Geliebten kaltherzig empfiehlt, eine Ehe mit dem schwedischen König einzugehen oder in ein Kloster einzutreten. Brutal und zynisch fügt er hinzu: dann könne sie sich »einen Knaben, blondgelockt« (V. 1047) kaufen, dem sie beibringen könne, »wie man den Sterbenden die Augen schließt« (V. 1051). Dies ist die Absage an jegliche standesbewusste Konvention, an Ideale und militärische Erziehung.

Der Zusammenbruch

Angesichts seines Todes verliert der Prinz jegliche Selbstkontrolle und Souveränität. Er, der Held der Schlacht, ist nun nur noch ein zitterndes Häuflein Elend. Nichts erinnert mehr an die Tugenden, denen er sich als Reitergeneral verschrieben haben sollte: Pflichtgefühl, Redlichkeit, Fleiß, sachlicher Ehrgeiz und das Bemühen, jede Aufgabe unter Aufbietung aller Kräfte zu lösen, die man gemeinhin als preußische Tugenden bezeichnet.

Als der Kurfürst von Natalie erfährt, wie erbarmungswürdig der Prinz um Gnade bettelt, »verstört und schüchtern, heimlich, ganz unwürdig, [...] fassungslos, [...] unheldenmütig« (V. 1165–72) sei, erklärt er sich sofort bereit, den Prinzen freizulassen, allerdings nur, wenn er das Urteil für ungerecht und falsch halte. Ohne Natalie darüber aufzuklären, was er dem Prinzen über seine Entscheidung schreibt, lässt er ihm einen Brief durch die Prinzessin überbringen.

Der Brief des Kurfürsten

Als der Prinz den Brief vorliest, ahnt Natalie sofort, dass die Entscheidungsfrage des Kurfürsten den Widerstand des Prinzen erregen wird. Mehrfach drängt sie den Prinzen, den Brief sofort positiv zu beantworten, verweigert ihm sogar vergeblich, den Brief noch einmal zu lesen.

Beim erneuten Lesen des Briefes aber erkennt der Prinz die Verantwortung, die der Kurfürst ihm abverlangt: Er selbst ist nun zur moralischen Instanz in der Frage von Recht und Unrecht geworden. Während Homburg dem Kurfürst zugesteht, dass dieser seinem Gewissen folgen könne (»Er handle, wie er darf«, V. 1375), erkennt er schlagartig, dass er sich verhalten muss, wie er soll, also dem Gesetz folgend. Damit schwenkt er auf die Grundposition des Kurfürsten ein, der bei der Verhaftung des Prinzen – verärgert mit dem Fuß aufstampfend – nicht mehr als Begründung für sein Urteil hervorstoßen konnte als: »Der Satzung soll Gehorsam sein« (V. 774). Nun gesteht der Prinz seine Schuld ein, das »heilige Gesetz des Kriegs« (V. 1750) übertreten zu haben. Nur durch seinen freiwilligen Tod glaubt er seine Handlungsfreiheit wiederzuerlangen.

Damit erringt er auch die Hochachtung von Natalie und letztlich auch die des Kurfürsten, der ihn schließlich seinen »Sohn« nennt.

Als der Prinz sich vor dem Erschießungskommando glaubt, gewinnt er seine träumerische, somnambule Harmonie zurück: Durch die Binde vor seinen Augen glaubt er, dass der Glanz der Sonne ihn überstrahle, seine Seele scheint das Irdische schon hinter sich zu lassen und wie im Todesanflug verblassen die Farben. Intensiv nimmt er dagegen den Duft der Blumen wahr. Seine träumerische Stimmung fällt auch in dem Moment nicht von ihm ab, als ihm im Jubel aller Anwesenden die Binde abgenommen und die Freiheit verkündet wird. Ratlos fragt er: »Ist es ein Traum?« (V. 1856).

Somnambule Harmonie angesichts des Todes

Friedrich Wilhelm, Kurfürst von Brandenburg

Das historische Vorbild des Kurfürsten in Kleists Drama ist Friedrich Wilhelm I. von Brandenburg (1620–1688) aus dem Hause Hohenzollern. Er erhielt nach der Schlacht von Fehrbellin (1675) den Beinamen »Der Große Kurfürst«. Nach dem Tod seines Vaters 1640 hatte der Kurfürst ein weit verstreutes, finanziell ruiniertes und durch den Dreißigjährigen Krieg verwüstetes Herrschaftsgebiet übernehmen müssen, das teilweise von Schweden besetzt war. Geschickt und pragmatisch handelnd gelang es ihm, Brandenburg und Preußen den Weg zur Großmacht zu öffnen. Eine besondere Bedeutung kam dabei dem Sieg über die Schweden in der Schlacht von Fehrbellin zu, bei dem der Kurfürst das brandenburgische Heer persönlich führte.

Das historische Vorbild

In Kleists Drama ist der Kurfürst die zweite Hauptfigur und steht dramaturgisch in deutlichem Kontrast

Gegenpol zu Homburg

zu dem Prinzen. Pragmatisch handelnd und rational argumentierend bildet er den Gegenpol zum träumerisch veranlagten und gefühlsorientierten Homburg.

Herrscher und Privatperson

Der Kurfürst vertritt das Gesetz, er ist der Mittelpunk der Macht und der militärische Oberbefehlshaber. Zugleich wird er aber auch in seinen privaten und persönlichen Beziehungen gezeigt, in seiner freundlichen Haltung gegenüber seiner Frau und der sehr liebevollen Beziehung zu Natalie.

Besondere Beziehung zum Prinzen

Im Hinblick auf den Prinzen kreuzen sich private und öffentliche Beziehungen des Kurfürsten. Einerseits ist der Prinz als Offizier den Befehlen des Kurfürsten unterworfen, auf der anderen Seite hat der Kurfürst den jungen Adligen fast wie einen Sohn behandelt, nachdem dieser kurz vor dem Tod seiner Mutter der Kurfürstin anvertraut worden war.

Nur aus dieser Vertrautheit heraus ist der Anfang des Dramas zu verstehen, als der Kurfürst sich – neugierig auf den Verlauf – auf das verhängnisvolle Spiel mit den Träumen des Prinzen einlässt, es sogar noch dadurch verstärkt, dass er der Prinzessin die Symbole des Sieges, den Lorbeerkranz und seine Kette, reicht. Diese Symbole schweben über dem Haupt des Prinzen, fatalerweise jedoch verliert die Prinzessin ihren Handschuh bei diesem unglücklichen Scherz.

Als der Kurfürst bemerkt, wie tief den Prinzen diese Traumszene berührt, so dass er die Prinzessin als »Braut« (V. 65), die Kurfürstin als »Mutter« und ihn selbst als »Vater« anspricht, beendet er erschrocken das Spiel: »Ins Nichts mit dir zurück […]! Im Traum erringt man solche Dinge nicht!« (V. 74–77). Der Kurfürst ahnt, dass er zu weit gegangen ist, und ordnet an, dem Prinzen »kein Wort [...] von dem Scherz« (V. 83) zu sagen.

Was der Kurfürst jedoch nicht voraussehen kann, ist, dass die Verknüpfung von Scherz, Traum, Realität (Handschuh) und Wunschdenken des Prinzen zu einer unheilvollen Vermischung führt. Der Kurfürst kann sich als Rationalist die traumwandlerische Gegenwelt des Prinzen und ihren Einfluss auf dessen Wirklichkeit nicht vorstellen.

Kühl und überlegt organisiert der Kurfürst die Abreise seiner Frau und der Prinzessin, zugleich überwacht er die Befehlsausgabe und mahnt den Prinzen, nicht noch einmal einen Sieg zu verspielen.

Das überraschende Urteil

Als der Kurfürst nach dem Sieg über die Schweden nach dem schuldigen Führer des befehlswidrigen Reitereinsatzes sucht und für denjenigen die Todesstrafe androht, versichert er sich (zu spät?), dass der Prinz von Homburg die Reiterei nicht geführt habe. Zu diesem Zeitpunkt hat er schon den Kriegsgerichtsprozess und das Todesurteil angedroht, er könnte diese Androhung also nicht mehr zurücknehmen, ohne sein Gesicht zu verlieren.

Als sich dann herausstellt, dass der Prinz die Reiterei angeführt hat, wiederholt der Kurfürst unbeeindruckt sein Todesurteil. Selbst die negative Reaktion seiner Offiziere vermag ihn nicht umzustimmen. Wie beiläufig besichtigt er unmittelbar nach der Degradierung des Prinzen die »Siegstrophäen« (V. 741) und setzt demonstrativ für den nächsten Tag ein Siegesfest an. Über das persönliche Verhältnis zum Prinzen hat nun die staatstragende Macht gesiegt. Der Monarch macht deutlich, dass das Land im Vordergrund steht und private Interessen keine Rolle spielen. Was der Monarch allerdings wirklich denkt, bleibt unausgesprochen.

■ Legitimation des Handelns

Als Natalie ihn flehentlich bittet, das Urteil zurückzunehmen, verweist er darauf, dass er kein Tyrann sei, der willkürlich entscheide, dass er vielmehr den Spruch des Gerichts achten und unabhängig von seinem eigenen Gefühl erfüllen müsse. Natalie schildert ihm daraufhin den verzweifelten Zustand des Prinzen und klagt den Kurfürsten an: »Ach, welch ein Heldenherz hast du geknickt!« (V. 1155).

Der Kurfürst indes hatte nicht geahnt, dass der Prinz jeglichen Standeskodex, jeglichen Ehrbegriff, seine militärischen Prinzipien und seine Liebe aufgeben und als wimmerndes Bündel Mensch um sein Leben betteln würde. Nicht nur hier, sondern auch später im Hinblick auf die Scheinexekution verrät der Kurfürst geringe Fähigkeit, sich in den komplexen und sensiblen Charakter des Prinzen zu versetzen.

■ Voraussetzung einer Begnadigung

Als der Kurfürst der Prinzessin verspricht, den Prinzen zu begnadigen, verknüpft er die Begnadigung allerdings mit einer grundsätzlichen Bedingung: »Wenn er den Spruch für ungerecht kann halten / Kassier ich die Artikel: er ist frei! –« (V. 1185 f.). Die Voraussetzung für die Begnadigung ist also nicht die Aufhebung des objektiven Tatbestands, sondern ausschließlich die fehlende Einsicht des Prinzen in die Strafwürdigkeit der Handlung. Juristisch ist dies eine eigenartige Bewertung, die aber durchaus in der Machtbefugnis des »Fürsten« liegt.

Paradoxie der Entscheidung

Paradoxerweise gibt es kein milderndes Urteil, wenn der Prinz seine Schuld anerkennt; andererseits gewinnt der Prinz seine Entscheidungs- und Handlungshoheit zurück, wenn er sich aus freien Stücken dem Gesetz unterwirft und seine Schuld anerkennt. Nur dieser Schritt ermöglicht es dem Prinzen, die gesellschaftliche Anerkennung zurückzugewinnen. Vor allem aber gewinnt er die Achtung und Liebe der Prinzessin zurück, als sie vom Prinzen erfährt, dass er »nichts von […] Gnade wissen« (V. 1385) wolle. Dabei verliert sie mit dieser Entscheidung ihren Geliebten, der das Todesurteil zu erwarten hat.

Vorwegnahme der Entscheidung

Als der Kurfürst den Brief des Prinzen erhält, steht allerdings sein Entschluss, den Prinzen zu begnadigen, fest. Zuvor hatte er schon angeordnet, dem Grafen von Horn seinen Pass zurückzugeben, um ihn auszuweisen und das Todesurteil zu holen (V. 1480 f.). Dennoch möchte der Kurfürst sein Gesicht wahren und ruft den Prinzen »zu Hülfe« (V. 1733), seine Schuld einzugestehen. Erst danach ist er innerlich befreit von der Last eines Urteils, das weder von der Familie noch von Homburgs Offizieren gutgeheißen worden wäre.

Erleichterung des Kurfürsten

Erleichtert küsst er den Prinzen nach dessen Schuldbekenntnis. Diese intime Geste wirkt überraschend auf die versammelten Offiziere, denn noch stehen das Todesurteil und seine Vollstreckung im Raum. Dann

Scheinhinrichtung

jedoch zerreißt er vor seinen Offizieren das Todesurteil. Der ahnungslose Prinz, der sicher ist, dass das Urteil vollstreckt wird, wird anschließend vom Kurfürsten in einem zynischen Schauspiel vor der gesamten Hofgesellschaft erniedrigt. Unter den dumpfen Klängen des Totenmarsches wird er mit verbundenen Augen herbeigeführt. Die Scheinhinrichtung, die der Kurfürst inszeniert hat, stellt die radikalste Täuschung dar, die sich denken lässt. Anstatt in die Mündung von Gewehren zu blicken und die Todessalven zu erwarten, erblickt er, als man ihm die Binde abnimmt, den Kurfürsten, der Natalie den Kranz mit seiner Kette überreicht. Natalie setzt ihm den Kranz auf, hängt ihm die Kette um und drückt seine Hand an ihr Herz. In tiefster Seele erschüttert, fällt der Prinz in Ohnmacht. Kanonendonner, Marschmusik, ein erleuchtetes Schloss, Heil-Rufe holen ihn in eine Realität zurück, die er nur wie einen unwirklichen Traum wahrnimmt: »Ist es ein Traum?« (V. 1856). Es ist kein Traum, wie das Schlachtgeschrei der Offiziere »Zum Sieg!« (V. 1857) bezeugt, es ist die Wirklichkeit eines brutalen Militärapparats, dem auch Kleist selbst entfloh, als er seine militärische Laufbahn abbrach.

Prinzessin Natalie von Oranien

Königin Luise als mögliches Vorbild für Natalie

Die Prinzessin ist keine historisch belegte Figur. Im Drama ist sie Chef eines Dragonerregiments, diesem Ehrenamt kam allerdings in der Realität keinerlei militärische Befehlsgewalt zu. Zu Kleists Zeit hatte nur die 1810 verstorbene Königin Luise dieses Amt inne. Da Kleist die Königin Luise verehrte, sie zugleich die antinapoleonische Hoffnung der preußischen Patrioten war, könnte man in ihr ein Vorbild der Prinzessin Natalie sehen.

Natalies Rolle in der Figurenkonstellation

Der Prinzessin kommt eine besondere Bedeutung in der Figurenkonstellation des Dramas zu: Sie ist einerseits die Nichte des Kurfürsten, der nach dem Tod ihrer Eltern die Rolle des Vaters übernommen hat, und gehört entsprechend zur kurfürstlichen Familie. Zugleich steht sie auf der Seite des Prinzen, den sie heimlich liebt. Und so übernimmt sie im Konflikt der beiden Hauptfiguren eine vermittelnde Rolle, die aber auch von widerstrebenden Gefühlen begleitet wird.

Schon zu Beginn des Dramas spielt die Prinzessin das Spiel, das der Kurfürst angeregt hat, eher widerstrebend mit. Eigentlich hatte sie »mitleidsvoll« (V. 35) einen Arzt rufen wollen, angesichts des Zustands des schlafwandelnden Prinzen.

Deutlich zeigt sie ihre Gefühle und ihre Hilfsbedürftigkeit, als sie ihren Onkel im Kampf gefallen glaubt. Während sie dem Prinzen allein gegenübersteht (die Kurfürstin ist in Ohnmacht gefallen), lässt sie zunächst dessen körperliche Berührungen zu. Der Prinz »*legt ihre Hand gerührt an sein Herz*« (nach V. 567), zwar zieht sie ihre Hand zurück, lässt dann jedoch zu, dass der Prinz »*einen Arm um ihren Leib* [*schlägt*]« (nach V. 599), um sich später an »*seine Brust*« (nach V. 607) zu legen. Nach seinem Kuss reißt sie

Natalies Hilflosigkeit

sich los. Das ambivalente Verhalten der Prinzessin zeigt ihre Hilflosigkeit in dieser Situation, aber auch ihre geheimen Gefühle für den Prinzen. Diese stehen jedoch im Widerspruch zur Einschätzung des Kurfürsten, der den Prinzen als »Tor« (V. 66) bezeichnete, nachdem dieser Natalie im Halbtraum als seine Braut angesprochen hatte.

Ihre Stärke und ihre Souveränität gewinnt die Prinzessin zurück, als sie dem Prinzen verspricht, sich beim Kurfürsten für ihn einzusetzen. Noch schätzt sie allerdings den Prinzen falsch ein, wenn sie an seine Ehre appelliert und ihm sagt: »Und der im Leben tausendmal gesiegt, / Er wird auch noch im Tod zu siegen wissen!« (V. 1073 f.).

Hatte sie bis dahin noch geglaubt, dass der Prinz ein »junger Held« (V. 1053) sei, der so mutig das Todesurteil aufnimmt wie die Todesgefahr in der Schlacht, so muss sie kurz darauf erkennen, dass sie sich geirrt hat.

Gefühlsverwirrung

Während der Prinz der Kurfürstin seine Schreckensvision von der Vollstreckung des Todesurteils vorträgt, verliert die Prinzessin ihre Fassung und bricht erschüttert in Tränen aus. Als sie jedoch hört, wie der Prinz erklärt, dass »alle Zärtlichkeit für sie verloschen« (V. 1225) sei und sie ins »Stift der Jungfraun« (V. 1045) gehen solle, gewinnt sie Stärke und Souveränität zurück. Sie legt beruhigend ihre Hand auf die des Prinzen und rät ihm beherrscht und fast mütterlich, sich seinem Schicksal zu stellen, während sie beim Kurfürsten ein »rettend Wort« (V. 1059) einlegen wolle. Sollte ihr allerdings der Erfolg versagt sein, rät sie dem Prinzen, sich »tapfer« (V. 1072) dem Tod zu »unterwerfen«.

Bereitschaft, auf Homburg zu verzichten

Als sie beim Kurfürsten vorspricht, gesteht sie ihrem Onkel ihre Liebe, gleichzeitig erklärt sie aber, dass sie ihre Bitte um Begnadigung des Prinzen nicht um ihretwillen stelle. Zweimal wiederholt sie: »Ich will ihn nicht für mich erhalten wissen« (V. 1083 ff.).

Sie ist bereit, auf eine Zukunft mit dem Prinzen zu verzichten. Sie will nur, dass der Prinz »selbständig, frei und unabhängig« (V. 1088) leben kann.

Geschickte Gesprächsführung

Im Gespräch mit dem Kurfürsten wird die entsagungsvolle Liebe der Prinzessin deutlich, zugleich aber auch ihre Klugheit, mit der sie geschickt und flexibel das Gespräch führt. Zunächst führt sie die Jugend und den Eifer des Prinzen als Entschuldigung für sein Handeln an. Der Prinz habe sich nur für den »Ruhm« (V. 1103) des Kurfürsten in die Schlacht geworfen. Die Frage des Kurfürsten nach der Verantwortung des Prinzen gegenüber dem Gericht und dem Vaterland unterläuft sie geschickt. Zwar gesteht sie zu, dass das »Kriegsgesetz [...] herrschen« (V. 1129) solle, jedoch zugleich auch »die lieblichen Gefühle« (V. 1130). Erst diese Synthese von Herz und Gesetz ermögliche die »schönste Ordnung« (V. 1128), die es erlaube, das Todesurteil zu zerreißen, ohne dem Staat zu schaden. Dieser rational nur schwer nachvollziehbaren Dialektik stellt der Kurfürst die knappe Frage entgegen, ob der Prinz auch der Ansicht sei, dass es für das Vaterland egal sei, ob Gesetz oder »Willkür« (V. 1144) herrschten. Der Kurfürst ist also nicht bereit,

Synthese von Herz und Gesetz

das Gedankenspiel Natalies nachzuvollziehen. Augenblicklich bricht damit auch Natalies rhetorisches Gebäude zusammen. Nun spricht sie offen aus, wie es um den Prinzen steht: Er sei in einem unwürdigen, jammervollen Zustand und habe nur den Wunsch zu leben.

Stolz auf die Haltung Homburgs

Als Natalie dem Prinzen den Brief des Kurfürsten überbringt und dabei dessen Inhalt erfährt, »*erblasst*« (nach V. 1313) sie. Sie ist klug genug, um zu wissen, dass sich der Prinz – trotz aller Todesangst – nicht auf das Angebot des Kurfürsten einlassen wird. Auch wenn er um Gnade gebettelt hat, so wird er als Offizier niemals den Kurfürsten und das Gericht bezichtigen, ungerecht gewesen zu sein. Und so versucht Natalie verzweifelt, den Prinzen mehrfach vom genauen Lesen des Briefes abzuhalten und drängt ihn – jedoch vergeblich –, den Brief rasch zu beantworten. Als sie dann allerdings vom Prinzen erfährt, dass er seine Schuld anerkennt – und damit auch das Todesurteil –, küsst sie ihn voller Stolz. Nun hat er in ihren Augen seine Ehre wiedergewonnen.

Der gefälschte Befehl

In diesem Augenblick setzt die Prinzessin allerdings einen Prozess in Gang, der zur Revolte gegen den Kurfürsten hätte führen können. Im Misstrauen gegenüber der unerwarteten Bereitschaft des Kurfürsten, den Prinzen zu begnadigen, hatte die Prinzessin zuvor schon vorausschauend – angeblich im Namen des Kurfürsten – eine Depesche an Kottwitz verfasst. Dieser solle seine Reiterei nach Berlin beordern. Damit ist diese Fälschung der Prinzessin noch gravierender als das unerlaubte Eingreifen des Prinzen in die Schlacht: Die Prinzessin begeht Hochverrat. Und tatsächlich erfährt der Zuschauer, dass eine gewaltsame Befreiung des Prinzen geplant ist, sollte die Bittschrift der Offiziere keinen Erfolg haben.

Hochverrat der Prinzessin

Als der Kurfürst von dem gefälschten Befehl und dem Aufmarsch der Reiterei vor dem Schloss erfährt, kann er den Hochverrat der Prinzessin ohne Gesichtsverlust übergehen, denn er kennt den Inhalt des Briefes von Homburg. Er weiß somit, dass dieser das Urteil anerkennt. Damit ist zugleich dramaturgisch die Aufgabe der Prinzessin im politischen Geflecht des Dramas erfüllt. Als liebende Frau tritt sie – von tiefer Trauer erfüllt – wieder auf, als der Prinz sich freiwillig der Wache übergibt. Am Ende des Dramas fällt Natalie in die Rolle zurück, die sie am Anfang gespielt hat: die Überbringerin des Kranzes und der Kette des Kurfürsten, sozusagen als Traumgestalt von Kurfürsts Gnaden. Ihre Eigenständigkeit und ihr mutiges Eintreten für den Prinzen sind der passiven Rolle der Frau als Objekt der Liebe gewichen.

Rückfall in die passive Rolle

Die Kurfürstin

Die Kurfürstin, die ohne ein historisches Vorbild ist, steht – ähnlich wie Natalie – zwischen dem Kurfürsten und dem Prinzen. Dabei erfüllt sie vor allem eine mütterlich-mitfühlende Rolle. Den Prinzen hat sie als Kind von einer sterbenden Jugendfreundin aufgenommen und ihn wie einen Sohn erzogen.

Mütterliche Rolle

Aus Staatsräson ist sie verärgert, als der Prinz während seiner Haft darum bittet, vorgelassen zu werden, denn sie weiß, dass er sein Gefängnis nicht verlassen darf. Nur auf Drängen der Prinzessin empfängt sie ihn schließlich. Als er seine flehentliche Bitte vorträgt, die Kurfürstin möge ihren Mann um seine Begnadigung ersuchen, muss sie gestehen, dass ihre Bemühungen vergebens waren. Sie fordert den Prinzen nachdrücklich auf, das Schicksal »mit Mut […] und Fassung« (V. 994) zu tragen; diesem Appell schließt sich auch die Prinzessin an: Er werde auch noch »im Tod zu siegen wissen!« (V. 1074). Abschließend drängt die Kurfürstin den Prinzen, umgehend den unerlaubten Ausflug in die Freiheit zu beenden. Die Kurfürstin schwankt dabei zwischen mütterlicher Haltung gegenüber dem Prinzen und ihrer Pflicht als Frau des Landesherrn, Gesetz und Ordnung zu vertreten. Doch ihr Handlungsspielraum scheint begrenzt, und so greift sie auch nicht mehr in das Geschehen ein, lediglich in der achten Szene des fünften Akts und in der Schlussszene begleitet sie noch stumm die Ereignisse.

Obrist Kottwitz

■ Mögliche Vorbilder: Blücher und Gneisenau

Der Name des Obristen stammt vom Führer eines Dragonerregiments bei der Schlacht von Fehrbellin. Einige Interpreten sahen in ihm die Züge des legendären preußischen Feldmarschalls Fürst Blücher (1742–1819), des späteren Siegers von Waterloo (18. Juni 1815), wahrscheinlicher jedoch ist, dass Kleist den preußischen Heeresreformer von Gneisenau (1760–1831) im Blick hatte.

Obrist Kottwitz ist einer der führenden Offiziere im Reiterregiment der Prinzessin und spielt eine herausragende Rolle im Drama, vor allem im Hinblick auf das zentrale Thema Gehorsam und freie Entscheidung.

Ein alter ›Haudegen‹

Als alter ›Haudegen‹ ist er schlachterprobt und zeigt trotz seines Alters noch jugendliche Energie. Einerseits ist er mit ganzem Herzen Soldat, andererseits hat er sich einen Funken sensibler Naturverbundenheit bewahrt: Vor der Schlacht bewundert er den Gesang der Lerchen und die aufgehende Sonne; kurz danach lässt er sich von einer ironischen Bemerkung des Prinzen über seine angebliche Langsamkeit zum unerlaubten Angriff hinreißen, vor dem er zuvor noch gewarnt hatte. Damit ähnelt er in seinem Verhalten der Impulsivität des Prinzen. Dementsprechend versteht er ebenso wenig wie dieser die überraschende Reaktion des Kurfürsten auf den siegreichen Angriff: »Das, beim lebendgen Gott, ist mir zu stark!« (V. 763).

Loyalität

In seiner absoluten Loyalität gegenüber dem Prinzen wird Kottwitz zum deutlichen Kritiker des Kurfürsten. Er übergibt ihm die Bittschrift zugunsten des Prinzen »im Namen des gesamten Heers« (V. 1484), die er allerdings allein verfasst hat. Dabei erklärt er dem Kurfürsten unerschrocken, dass er den Angriff des Prinzen rechtfertige. Als der Kurfürst darauf hinweist, dass Kottwitz selbst vor dem Angriff gewarnt

Rechtfertigung des Angriffs

habe, erwidert er, dass der Prinz in diesem Augenblick des Kampfes den besseren Überblick gehabt habe als der Kurfürst zum Zeitpunkt des Schlachtplans. Im Nachhinein müsse man den Angriff befürworten, da er zum Sieg geführt habe. Dem Vorwurf des Kurfürsten, dass dies nur ein Teilsieg gewesen sei, der den endgültigen Sieg verhindert habe, versucht Kottwitz geschickt mit der Behauptung zu entkräften, dass ein größerer Erfolg an diesem Tag nicht möglich gewesen sei, nun müsse man auf eine neue Chance zum Sieg warten. Abschließend erklärt Kottwitz dem Kurfürsten, er selbst würde die »Tat« des Prinzen »munter« (V. 1602) wiederholen, um den Sieg zu erringen.

Verärgert weist der Kurfürst auf die Folgen hin, die ein Verstoß gegen die Gesetze nach sich ziehe: Dem Zufall werde Tür und Tor geöffnet.

Dilemma von Befehl und Situation

Hier nun setzt der erfahrene und kampferprobte Offizier Kottwitz zu einer ausführlichen Entgegnung an, die das Dilemma von Befehl als Gesetz und unveränderlicher Regel und Befehl als situationsabhängige Anweisung ausführt. Der Befehl des Feldherrn müsse ausschließlich das Vaterland, die Krone und den Herrscher im Blick behalten; ein Sieg unter dieser Option sei nicht an eine »Regel« (V. 1575) gebunden. Der Sieg sei das Ausschlaggebende, egal wie er errungen sei.

Recht auf Unabhängigkeit und Freiheit im Kampf

Noch deutlicher wird Kottwitz im Hinblick auf seine eigene Motivation, sein Leben im Kampf zu riskieren. Er beansprucht für sich Unabhängigkeit und persönliche Freiheit, um für »Ruhm und Wachstum« (V. 1594) des Vaterlands und des Kurfürsten zu kämpfen. Überrascht gesteht der Kurfürst, dass er mit dem »spitzfündige[n] Lehrbegriff der Freiheit« (V. 1619) nichts anfangen könne. Vielmehr werde nun der Prinz Kottwitz belehren, was »Kriegszucht und Gehorsam« (V. 1617) bedeuteten. Als Kottwitz dann erfahren muss, dass der Prinz gesteht, das »Gesetz des Kriegs« (V. 1750) verletzt zu haben, ist er in tiefster Seele berührt und küsst die Hand des Prinzen. Überglücklich und erleichtert ruft er nach dessen Begnadigung: »Heil, Heil dem Prinz von Homburg!« (V. 1854). Als er am Schluss die Frage des Prinzen: »Ist es ein Traum?« (V. 1855) doppeldeutig beantwortet – »Ein Traum, was sonst?« (V. 1855) –, hebt der alte Kämpfer das Drama auf die Ebene einer Utopie. Der Prinz hatte von Beginn an im Sinne seiner unterbewussten und gefühlsmäßigen Wirklichkeit gehandelt; Kottwitz bestätigt nun, dass die Begnadigung und die Wiederholung der Anfangsszene sich fraglos als eine Art Traum verstehen lasse. Im Traum verknüpften sich Gesetz und individuelles Handeln und aus diesem Traum heraus, der zu Beginn so fatale Folgen hatte, gilt es nun, in der Wirklichkeit Fuß zu fassen und den Kampf wiederaufzunehmen: »Ins Feld!« … »Zur Schlacht!« … »Zum Sieg!« … »In Staub mit allen Feinden Brandenburgs!« (V. 1856 f.). So lautet der Schlussakkord des Dramas, der den Prinzen zur realistischen Fortsetzung des Kampfes aufruft. Damit ist die Idee von Kottwitz, dass der Sieg auch später errungen werden könnte,

Utopie

dass Befehle auch die Freiheit der Entscheidung mit berücksichtigen müssten, bestätigt.

Graf Hohenzollern

■ Enger Vertrauter Homburgs

Der Graf gehört zum persönlichen Umfeld des Kurfürsten und hat keinen militärischen Rang. Er ist ein sehr enger Vertrauter des Prinzen und kennt ihn und seine Schwächen gut.

■ Spiel mit dem Prinzen

Zu Beginn des Dramas macht er die Hofgesellschaft auf den schlafwandelnden Prinzen aufmerksam. Belustigt kommentiert er das Verhalten des halb wachen, halb träumenden Prinzen. Er glaubt, es sich als Vertrauter des Kurfürsten erlauben zu können, sich über den Prinzen lustig zu machen. So bedauert er beispielsweise ironisch, dass der Prinz keinen Spiegel hat: »Er würd ihm eitel, wie ein Mädchen nahn« (V. 61). Auch als der Prinz vergeblich versucht, sich zu erinnern, welche Frau ihm den Kranz überreicht hat, führt der Graf ihn auf eine falsche Fährte. Das aber hilft nicht, denn bei der Befehlsausgabe verraten der Kurfürst und Natalie ungewollt, wem der Handschuh gehört. Im Grunde genommen ist er jedoch ein wahrer Freund des Prinzen: Er ist der Einzige, der ihn in kritischen Situationen sehr freundschaftlich ermahnt oder zu beschwichtigen sucht. In diesen Situationen verwendet er als Einziger den Vornamen »Arthur« und zeigt damit seine besondere Verbundenheit zum Prinzen, dieser seinerseits redet den Grafen ebenso vertraut mit »Heinrich!« (V. 416) an.

■ Homburgs Vorname Arthur

Bei der Befehlsausgabe versucht der Graf Hohenzollern den Prinzen zum Zuhören zu bewegen, als dieser unkonzentriert wichtige Details verpasst. Später wendet der Prinz sich vertrauensvoll an den Grafen, um Einzelheiten des Befehls zu erfragen. Nachdem der Prinz wenig später den Befehl zum unerlaubten Angriff gegeben hat, erinnert ihn der Graf Hohenzollern vergeblich noch einmal an seinen Auftrag. Als der Kurfürst nach der Schlacht den Prinzen festnehmen lässt, beruhigt ihn der Graf Hohenzollern, findet aber zugleich klare Worte, um ihm seine Befehlsverweigerung vor Augen zu halten: »Der Satzung soll Gehorsam sein« (V. 774). Schonend versucht er dem Prinzen im Gefängnis den Ernst der Lage zu schildern. Hatte er zuvor optimistisch dem Prinzen Mut gemacht, es werde »den Hals nicht kosten« (V. 775), so ist er nun überrascht über das Todesurteil.

Falsche Begründung des Todesurteils

Die Härte des Kurfürsten erklärt er damit, dass der Prinz vielleicht »einen Schritt getan [habe], […] / Der seinem stolzen Geist zu nah getreten?« (V. 910 ff.). Als der Prinz immer noch nicht versteht, worauf er anspielt, wird der Graf deutlicher und trägt die Vermutung vor, dass der Prinz den Plänen des Kurfürsten, Natalie mit dem schwedischen König zu verheiraten, im Wege stehe.

Hinweis auf die Schuld des Kurfürsten

Seinen Mut und seine Vertrautheit mit dem Prinzen beweist der Graf, als er dem Kurfürsten in einer zweiten Bittschrift die Schuld am Fehlverhalten des Prinzen gibt. Er hat als Einziger die seelische Verwirrung des Prinzen erkannt und führt dessen Unaufmerksamkeit bei der Befehlsausgabe auf das Spiel des Kurfürsten mit dem somnambulen Prinzen zurück. Ausführlich schildert er die Zerstreutheit und Abgelenktheit des Prinzen, die durch den Feldmarschall bestätigt wird. Der Kurfürst zieht daraus den Schluss, dass unter diesen Umständen der Prinz ja »schuldlos« (V. 1709) sei. Dann aber dreht der Kurfürst den Spieß um und klagt den Grafen an: hätte dieser ihn »nicht in den Garten […] herabgerufen« (V. 1715), hätte er nicht mit dem Prinzen »harmlos […] gescherzt« (V. 1717). Trotz dieser überraschenden Wende hofft der Graf, dass seine Argumente »Gewicht« (V. 1722) in der »Brust« des Kurfürsten haben mögen.

Umkehrung der Schuldfrage

Feldmarschall Dörfling

Als Vorbild des höchsten Offiziers der Armee im Drama kann der kurfürstlich-brandenburgische Feldmarschall Georg von Derfflinger (1606–1695) gesehen werden. 1675 errang er den Sieg in der Schlacht von Fehrbellin.

Typischer Vertreter des alten preußischen Militärs

Er ist der typische Vertreter des preußischen Militärs, der – im Gegensatz zu Kottwitz – keine eigenen Ideen formuliert, sondern ausschließlich den Schlachtplan vor den versammelten Offizieren vorträgt und ausdrücklich betont, dass dieser nicht von ihm, sondern vom Kurfürsten stamme. Übertrieben genau diktiert er die Befehle und reagiert »*unwillig, nachdrücklich*« (V. 335) auf die Zwischenfragen des Prinzen.

Der ängstliche General

Nachdem der Kurfürst schon erfahren hat, dass Kottwitz mit seinen Dragonern ohne seinen Befehl »vor dem Schlosse aufmarschiert« (V. 1398) ist, betritt der Feldmarschall erregt, fast in Panik unangemeldet den Saal des Schlosses. Er warnt den Kurfürsten vor der »Rebellion« (V. 1428) der Offiziere. Aber weder ist der Feldmarschall in die Pläne eingeweiht, noch hat er seine Informationen aus erster Hand, sondern von der »Base [s]einer Frau« (V. 1450), so dass der Kurfürst ihn sarkastisch abkanzelt: »Das muss ein Mann mir sagen, eh ich's glaube!« (V. 1454). In seiner Aufregung überhört der Feldmarschall die Beleidigung und beschwört den Kurfürsten, den Prinzen zu begnadigen.

Der Feldmarschall ist die Karikatur eines Oberbefehlshabers. Ideenlos bei der Vorbereitung des Feldzugs, ist er auch nicht in der Lage, eine schwierige Situation angemessen zu überprüfen und darauf zu reagieren. Nicht einmal auf die unterschwellige Beleidigung des Kurfürsten, er sei kein Mann, reagiert er souverän.

4. Form und literarische Technik

Aufbau

Akt/ Auftritt	**Handlung**	**Aspekt**	**Funktion**
I,1	Vorspiel, Traum und gefährliche Wünsche des Prinzen	Liebe und Wünsche	Exposition (Einleitung): • Andeutung des Konflikts • Grund der Insubordination
I,2–4	Homburgs Versuch, die Wirklichkeit zu erfassen, Traumerzählung, Handschuh	Verwirrung	
I,5	Befehlsausgabe, Rätsel um Handschuh gelöst	Abgelenktheit	
I,6	Glücksmonolog	Vorgefühl des Sieges	
II,1–2	Die Schlacht, vorzeitiges Eingreifen in die Schlacht	Insubordination	steigende Handlung, Spanungsaufbau
II,3–8	Sieg, vermeintlicher Tod des Kurfürsten, Glücksgefühl des Prinzen, Abreise nach B.	Sieg in der Schlacht	

II,9–10	Inhaftierung und Todesurteil, Zorn des Prinzen, Beerdigung von Frobe	Verhaftung, tiefer Fall Homburgs	
III,1–2	Homburg im Gefängnis, wachsende Angst vor dem Tod, Todesurteil ist gefallen	Verlust der Hoffnung	Peripetie: Höhepunkt
III,3–5	Homburg und die Kurfürstin, Blick ins Grab, Lossagung von Natalie	Todesfurcht, Verzicht auf alles	
IV,1	Natalie beim Kurfürsten – Bericht vom elenden Zustand Homburgs, Bitte um Homburgs Leben, Begnadigung unter Bedingung	Begnadigungsgesuch	fallende Handlung, retardierendes Moment: • Verzögerung des weiteren Geschehens dient der Spannungssteigerung
IV,2	Bittschrift der Offiziere an Natalie; gefälschter Marschbefehl Natalies	Fälschung und »Hochverrat«	
IV,3	Monolog Homburgs über Leben und Tod	Leben und Sterben	

IV,4	Homburgs Ablehnung der Begnadigung, Anerkennung der Schuld, Natalies Verherrlichung des todgeweihten Prinzen	Schuld und Einsicht	
V,1–3	Möglichkeit einer Rebellion, Monolog des Kurfürsten, Rückgewinn innerer Sicherheit	Verunsicherung des Kurfürsten	Anbahnung einer Lösung oder Katastrophe ↓
V,4	Brief des Prinzen	Gnadenersuch	
V,5–6	Auftritt der Offiziere – Diskussion des Kurfürsten mit Kottwitz	Rechtfertigung von Homburgs Verhalten	
V,7–8	Auftritt Homburgs, seine Sichtweise und Todeswunsch – offizielle Erneuerung des Todesurteils	Schuldbekenntnis, Anerkennung von Gesetz und Ordnung	
V,9–11	Scheinexekution – Begnadigung – Krönung des Prinzen, Ohnmacht – Traum?	Erziehung des Prinzen?	Lösung

Geschlossenes oder offenes Drama

Kleists Drama *Prinz Friedrich von Homburg* gilt allgemein als sein formal konventionellstes Drama. Der Aufbau, die Verwendung des Blankverses und die weitgehende Einhaltung der drei Einheiten unterstreichen diese Einschätzung.

Klassisches geschlossenes Drama

Es ist im klassischen Sinne ein Drama der »geschlossenen Form«, das bestimmt wird durch eine einheitliche, abgeschlossene Handlung, durch einen gegliederten Aufbau im Fünfaktschema und durch die Beachtung der drei Einheiten, die im klassischen Drama eine wichtige Rolle spielen: die Einheit der Handlung, die Einheit des Ortes und die Einheit der Zeit.

Einheit der Handlung

Die Handlung dieses Dramentyps entwickelt sich geradlinig als Kausalkette. Die Haupthandlung bilden die aufeinanderfolgenden Ereignisse um den Prinzen von Homburg: dessen Somnambulismus, was den Kurfürsten in der ersten Szene zu einem nächtlichen Streich verleitet, die daraus resultierende Verwirrung und Unaufmerksamkeit am folgenden Tag und die Befehlsverweigerung bei der Schlacht, was schließlich in einer dramatischen Zuspitzung der Ereignisse in der Todesstrafe gipfelt. Die Nebenhandlungen in Kleists Drama, etwa der Tod Frobens, der vermeintliche Tod des Kurfürsten oder die Fälschung des Befehls durch Natalie, sind jeweils Handlungselemente, die sich aus der Haupthandlung entwickeln oder zur zentralen Handlung zurückführen.

Dagegen werden aktionsreiche Handlungen weitgehend vermieden oder indirekt dargestellt, beispielsweise als Botenbericht, wie Rittmeister von Mörners Bericht vom Tod des Kurfürsten (II,5) und Graf Sparrens Bericht vom Tod des Stallmeisters Froben (II,8), oder durch die Beobachtung eines vom Zuschauer nicht einzusehenden Geschehens, Teichoskopie oder Mauerschau genannt, wie das Geschehen in der Schlacht von Fehrbellin (II,2).

■ Einheit des Ortes

Neben der in sich abgeschlossenen Handlung sind die Einheit der Zeit und die Einheit des Ortes zu beachten. Die Einheit des Ortes wird weitgehend durch die Räume des Schlosses und der Umgebung gewahrt. Die Anfangs- und die Schlusszene, die nachts im Garten spielen, rahmen die Handlung des Tages wie eigenständige Schauspiele ein. Beiden Szenen kommt – im Gegensatz zum gesamten Drama – eine hohe symbolische Bedeutung zu. Fast wirken sie wie Spiel im Spiel, zugleich sind sie aber die wirkungsvollsten Szenen im Drama.

■ Einheit der Zeit

Die Handlung spielt an zwei Nächten und dem dazwischenliegenden Tag und hält damit in umgekehrter Weise die aristotelische Einheit der Zeit ein: Nicht von Sonnaufgang bis Sonnenuntergang erstreckt sich die Handlung, sondern von Nacht zu Nacht. Dabei sind Anfangs- und Schlussszene des Dramas, die in der Nacht spielen, im Hinblick auf Handlung, Figuren und Handlungsort symmetrisch aufeinander bezogen. Die somnambule, spielerisch leise Eingangsszene wird am Schluss zur lautstarken martialischen Realität, bei der unklar bleibt, wie sich der Prinz verhält.

■ Ständeklausel

Zur Anforderung des geschlossenen Dramas zählen auch die handelnden Figuren. Für die Tragödie wird die Ständeklausel gefordert: die Figuren müssen hochstehend, von Adel sein. Zudem müssen vor allem die Hauptfiguren rational und konsequent argumentieren und handeln. Tatsächlich wird die Ständeklausel beachtet, alle Figuren gehören dem Adel oder dem Offizierskorps an. Die weitere Forderung des klassischen Dramas nach rational handelnden und klar argumentierenden Hauptfiguren wird allerdings nur dann eingehalten, wenn man dem Kurfürsten einen unbedingten und klar erkennbaren Erziehungsgedanken unterstellt; der Prinz jedoch entspricht eher der Figur eines offenen Dramas mit schwankenden Charakterzügen und auf Emotionen basierenden Grundlagen seines Handelns.

■ Tendenzen zum offenen Drama

Sprache

■ Blankvers

Kleist verwendet in seinem Drama durchgängig den fünfhebigen reimlosen Jambus (= Blankvers), der seit Lessing zum häufigsten Versmaß klassischer Dramen geworden ist. Zwar scheint durch den Blankvers eine stilistische Künstlichkeit zu entstehen, doch einerseits ist der Blankvers sehr variabel und andererseits gibt er dem Drama einen zusammenhängenden einheitlichen Grundton, der das klassische Drama prägt.

■ Zeilenstil

Der Blankvers hat keine festgelegte Zäsur, somit

können Pausen an jeder Stelle eingearbeitet werden, allerdings verwendet Kleist sehr häufig den Zeilenstil, gekennzeichnet durch eine syntaktische und inhaltliche Einheit: Vers wie auch Satz enden gemeinsam, an deren Ende steht das Satzzeichen. Außerdem können die reimlosen Verse über syntaktische Einheiten hinausgehen (Enjambement), wodurch ein fließender Rhythmus entsteht.

■ Enjambements

»DER GRAF VON HOHENZOLLERN.
Der Prinz von Homburg, unser tapfrer Vetter,
Der an der Reuter Spitze, seit drei Tagen
Den flüchtgen Schweden munter nachgesetzt«
(V. 1 ff.).

■ Antilabe

■ Ellipsen

In hektischen, aufgeregten Momenten sind die Verse häufig auf zwei oder mehrere Sprecher aufgeteilt (= Antilabe). Durch dieses Mittel gewinnen die Dialoge deutlich an Dynamik, nicht selten zeigt sich diese vorwärts drängende Sprache auch in der Verwendung von unvollständigen Sätzen (= Ellipsen). So etwa in dem Augenblick, in dem der Graf Hohenzollern den Prinzen vorsichtig über das Todesurteil informieren will:

»DER PRINZ VON HOMBURG.
Gleichviel. Du hörst.
HOHENZOLLERN. Gleichviel?
DER PRINZ VON HOMBURG. Zur Unterschrift?
HOHENZOLLERN.
Bei meiner Ehr! Ich kann es dir versichern.

DER PRINZ VON HOMBURG.
Das Urteil? – Nein! die Schrift –?
HOHENZOLLERN. Das Todesurteil.«
(V. 886 ff.)

Welche vielfältigen Möglichkeiten der Blankvers eröffnet und in dramatischer Weise rhythmisiert, zeigt beispielsweise die Schilderung des Rittmeisters von Mörner vom – vermeintlichen – Tod des Kurfürsten:

»MÖRNER. In diesem Augenblick, dem Staub entrückt,
Bemerken wir den Herrn, der, bei den Fahnen
Des Truchßschen Korps, dem Feind entgegenreitet;
Auf einem Schimmel herrlich saß er da,
Im Sonnenstrahl, die Bahn des Siegs erleuchtend.
Wir alle sammeln uns, bei diesem Anblick,
Auf eines Hügels Abhang, schwer besorgt,
Inmitten ihn des Feuers zu erblicken:
Als plötzlich jetzt der Kurfürst, Ross und Reuter,
In Staub vor unsern Augen niedersinkt;
Zwei Fahnenträger fielen über ihn,
Und deckten ihn mit ihren Fahnen zu.«
(V. 537–548)

Sprachliche Stilmittel

Die Atemlosigkeit des Rittmeisters wird spürbar durch die sprachlichen Stauungen, die durch Einschübe (etwa: »Ross und Reuter«), Inversionen (»auf einem Schimmel herrlich saß er da«) und Partizipialkonstruktionen (»die Bahn des Siegs erleuchtend«) hervorgerufen werden. Gleichzeitig präzisiert Mörner seine Ausführungen durch Einschübe (»schwer besorgt«) und Häufungen (»plötzlich jetzt«).

Metaphern und Vergleiche

Die Anschaulichkeit, die durch die Einschübe, Relativsätze und Aufzählungen erzeugt wird, wird unterstrichen durch Vergleiche und Metaphern: So schildert der Graf Hohenzollern, wie der Prinz »gleich einem Jagdhund lechzend« (V. 14) sich müde aufs Stroh gelegt habe. Der Prinz wiederum erläutert, er habe sich zum Schlafen gelegt, dabei habe ihn »Wohlgeruch« umgeben »wie den Bräutgam eine Perserbraut« (V. 122). Welche Verluste der Prinz von Homburg in der Schlacht zu verantworten hat, schildert der Rittmeister von Mörner sehr bildhaft: »Hier schlug so mörderischer Eisenregen / Entgegen ihm, dass seine Reuterschar, / Wie eine Saat, sich knickend niederlegte« (V. 531 ff.).

Leitmotive

Das gesamte Drama wird von immer wiederkehrenden Leitbegriffen durchzogen und erhält damit eine durchgängige Motivstruktur. Dabei fallen vor allem die zentralen Leitbegriffe ›Herz‹, ›Gefühl‹ und ›Traum‹ auf, hinzu tritt der Leitbegriff, der Krieg und Vernichtung signalisiert, ›Staub‹. Mit diesem Leitbegriff endet das Drama und die Frage bleibt, ob der Prinz, der nicht weiß, ob alles ein Traum ist oder nicht, sich dem Kriegsgeschrei anschließt.

Frage- und Ausrufesätze

Ein weiteres wichtiges Stilmittel in diesem Drama sind Frage- und Ausrufesätze. Sie zeugen einerseits von Dominanz und Überlegenheit, auf der anderen

Seite sind sie Zeichen von Unsicherheit und Überraschung: Als der Prinz verhaftet wird, ist er nicht mehr in der Lage, den Konflikt zu benennen. Ihm bleiben nur hilflose Fragen: »Träum ich? Wach ich? Leb ich? Bin ich bei Sinnen?« (V. 765). Dann wieder spiegeln Ausrufesätze Emotionen wider, wenn er etwa zur Kurfürstin im Glück sagt: »O Cäsar Divus! / Die Leiter setz ich an, an deinen Stern!« (V. 713 f.).

Regieanweisungen als Elemente der inneren Handlung

Kleists Figuren sind häufig »unaussprechliche« Menschen, so wie er selbst sich auch in einem Brief an seine Schwester charakterisierte. Sie verschweigen oft mehr als sie sagen und eröffnen damit weite Deutungsspielräume. Doch vielfach treten zu den Dialogen Regieanweisungen als wichtige Elemente der Vermittlung von Emotionen und verschwiegenen inneren Vorgängen der handelnden Figuren. Nicht immer jedoch sind die Deutungsmöglichkeiten eindeutig, so dass viele Leerstellen im Drama entstehen. Das Spiel mit Kranz und Kette zu Beginn des Stücks und – in der parallelen Handlung – am Ende wird vor allem durch die Regieanweisungen beschrieben, mit keinem Wort erfahren wir, welche Gefühle und Gedanken der Kurfürst oder die anderen Beteiligten haben. Nur die abschließenden zornigen Sätze »Ins Nichts mit dir zurück, Herr Prinz von Homburg, / Ins Nichts, ins Nichts!« (V. 74 f.) zusammen mit der dreifachen Wiederholung und der ironischen Anrede »Herr Prinz« überraschen in ihrer Kälte und Härte. Offenkundig glaubt der Kurfürst nicht mehr an die Einsatzbereitschaft des Prinzen, wenn er hinzufügt: »In dem

Gefild der Schlacht, / Sehn wir, wenn's dir gefällig ist, uns wieder!« (V. 75). Zugleich fliegt das Tor des Schlosses »*rasselnd vor dem Prinzen zu*« (nach V. 77).

Nicht nur in diesem Augenblick verhält sich der Kurfürst rätselhaft: Wenige Augenblicke, nachdem der Prinz die Fahnen als Siegestrophäen vor dem Kurfürsten niedergelegt hat, verhaftet dieser den Prinzen. Dann »*tritt* [*er*] *unter die Fahnen*« (nach V. 751), plaudert – scheinbar unbeschwert – mit Kottwitz und »*nimmt eine Fahne auf, entwickelt und betrachtet sie*« (nach V. 755). Kein Wort verliert er über die Verhaftung, gleichzeitig aber zeigt er mit seiner Begutachtung der Fahnen den Stolz auf den Sieg. Vielleicht ist es aber auch nur eine Übergangshandlung.

Während der Graf Hohenzollern versucht, dem Kurfürsten wortreich das Fehlverhalten des Prinzen durch den »Streich« zu Beginn zu erklären, »*fällt* [*der Kurfürst*] *in Gedanken*« (nach V. 1692). Es wird aber bis zum Schluss nicht deutlich, ob der Kurfürst in irgendeiner Form seine Mitschuld anerkannt hat.

■ Widerspruch von Regieanweisung und Handlung

Vielfach gibt es Situationen, in denen die Regieanweisungen im Widerspruch stehen zu dem tatsächlichen Geschehen: Als der Prinz Natalie den Brief des Kurfürsten mit der Bedingung der Begnadigung vorliest, »*erblasst*« sie, dann entsteht eine Pause, während der »*der Prinz sie fragend*« ansieht. Die unterbewusste Reaktion könnte auf tiefe Freude, aber auch auf einen plötzlichen Schreck zurückzuführen sein. Obwohl sie im Anschluss »*mit dem Ausdruck plötzlicher Freude*« (nach V. 1313) auf die Botschaft reagiert, machen die folgenden Regieanweisungen deutlich, dass ihr Verhalten geprägt ist von der Angst, dass der Prinz falsch reagiert. Als sie dann erfährt, dass der Prinz unter den gegebenen Umständen keine Gnade will, »*küsst*« sie ihn überraschend, um ihn dann noch mit einem emotionalen Wortschwall zu stärken: »Und bohrten gleich zwölf Kugeln / Dich jetzt in Staub, nicht halten könnt ich mich, / Und jauchzt und weint und spräche: du gefällst mir!« (V. 1386 ff.). Das Polysyndeton (Vielverbundenheit) unterstreicht noch einmal die Emotionalität der Prinzessin, die hier im Widerstreit steht zwischen Todesangst und Stolz auf den Prinzen, der seinem »Herzen folg[t]« (V. 1389).

5. Quellen und Kontexte

Das Drama im historischen Kontext

Um eine der Zielsetzungen des Dramas einordnen zu können, muss man sich die militärische Situation und die politische Lage der Entstehungszeit vor Augen halten: Nach einer jahrelangen Friedenszeit, in der Berlin zu einem kulturellen und geistigen Zentrum geworden war, kam es 1806 zur katastrophalen Niederlage der preußischen Armee gegen Napoleon bei Jena und Auerstedt. Die Machtposition Preußens schien nachhaltig zerstört. Zugleich hatte sich in der Doppelschlacht gezeigt, dass die Siege Napoleons nicht zuletzt aus einer – aus der jeweiligen Situation heraus entwickelten – Taktik und Strategie entstanden waren, während das preußische Heer mit stur eingehaltenen strategischen Befehlen agierte.

■ 1806 – Niederlage der preußischen Armee

Nach der militärischen Katastrophe begann ein erstaunlicher Reformprozess, denn das preußische Heer befand sich 1806 in einem desolaten Zustand. Die Ausbildung der Soldaten bestand aus einem sinnlosen, übertriebenen Exerzierdienst, den Kleist bitter beklagt hatte; das adlige Offizierskorps war überaltert, unfähig und arrogant. Die Reformen wurden von Scharnhorst, Gneisenau und Clausewitz seit 1808 vorangetrieben: die Prügelstrafe, insbesondere das Rutenlaufen, wurde verboten, die Adelsprivilegien wurden abgeschafft, durch die Beförderung nach Verdienst konnten nun auch Angehörige des Dritten

■ Reformprozess in Preußen

Standes Offiziere werden. Im Zuge dieser Reform wurden Hunderte hohe adlige Offiziere, darunter 3/4 der Generäle, entlassen (mit Sicherheit wäre auch Kleists Feldmarschall Dörfling dabei gewesen). Zudem wurde die Taktik und Bewaffnung modernisiert, es wurde ein eigenes Kriegsministerium geschaffen und die Ausbildung des Generalstabs verbessert. Grundsätzlich wollten die Reformer, dass das Militär einen stärkeren Rückhalt in der Bevölkerung bekommen sollte. Die Reformen standen unter dem Aspekt: Disziplin und Gehorsam aus freier Einsicht.

Entlassung von Offizieren

Als Hermann von Boyen 1814 als Kriegsminister die allgemeine Wehrpflicht einführte, war sein Ideal »der freie Bürger als Soldat«. Die Armee sollte so fest im Bewusstsein des Volkes verankert werden, dass jeder Bürger bereit sei, den Staat zu verteidigen. Und so wurde die allgemeine Wehrpflicht (drei Jahre) eingeführt und eine Volksarmee aus Landwehr und Landsturm gebildet. Die Armee sollte im Kampf gegen Napoleon die Quelle eines aufrechten Patriotismus werden. Als 1813 in Preußen das Volk zum nationalen Befreiungskampf gegen Napoleon aufgerufen wurde, war die allgemeine Begeisterung groß. Zahllose Freiwillige meldeten sich, so dass das preußische Heer am Ende des Jahres aus 300 000 Soldaten bestand.

Volksarmee und Wehrpflicht – der freie Bürger als Soldat

Mit dem altgedienten Offizier Kottwitz hat Kleist eine Figur geschaffen, die das neue Ideal des freien und selbstbewussten Offiziers vertritt, während er mit dem Feldmarschall Dörfling als höchstem Offizier der Armee jenen Typus des unfähigen Befehlshabers entlarvt, der nicht imstande ist, einen eigenen Plan zu entwerfen und auf Probleme zu reagieren.

Aufruf zur Heeresreform

Kleist waren als ehemaligem Offizier die Neuerungen der Militärreform durchaus bekannt, zumal er 1811 noch einmal die Option erhielt, der Armee im Ernstfall beizutreten. So ist sein Drama auch ein Aufruf zur Reform des Heeres gegen Napoleon.

Preußen-Mythen

Die Schlacht von Fehrbellin

Die historische Schlacht von Fehrbellin

Die Schlacht bei Fehrbellin im Juni 1675 war im Hinblick auf die Zahl der Kämpfenden von geringerer Bedeutung. Die schwedische Geschichtsschreibung sah in ihr nur ein Rückzugsgefecht, dagegen markierte sie in der preußischen Tradition den Rang eines geschichtlichen Wendepunkts und den Beginn des Aufstiegs der preußischen Militärmacht.

Fehrbellin als erster Sieg gegen Schweden

In diesem Gefecht bei Fehrbellin wurden schwedische Truppen, die Teile Brandenburgs besetzt hatten, auf dem Rückzug von brandenburgischen Truppen besiegt. Es war der erste wirkliche Sieg der Brandenburger. Nach dieser Niederlage wurden die Schweden immer stärker in die Defensive gedrängt und waren bis zum Friedensschluss 1679 keine militärische Bedrohung mehr.

Mit Fehrbellin begann zugleich die Reihe der herausragenden militärischen Leistungen von Hohenzollernfürsten, die sich unter Friedrich II. fortsetzten und den Preußen-Mythos begründeten.

Eng verknüpft mit dem Preußen-Mythos ist die Darstellung der Rolle des Kurfürsten Friedrich Wilhelm während des Kampfes: An der Spitze seiner Reiterei sei er in das dichteste Kampfgetümmel vorgestoßen und habe den zurückweichenden Soldaten zugerufen, er wolle mit ihnen siegen oder ritterlich mit ihnen sterben. Ähnlich hat Kleist die Figur des Kurfürsten auf dem Feld nach der Erzählung des Rittmeisters Mörner in Akt II,5 geschildert.

■ Mythos um die Rolle des Kurfürsten Friedrich Wilhelm

Tatsächlich hat Kleists Darstellung mit der historischen Schlacht bei Fehrbellin wenig Gemeinsamkeiten, aber sein Ziel wird deutlich, sich der alten militärischen Erfolge und der unkonventionellen strategischen Entscheidungen in der Vergangenheit zu erinnern. Der Kampf gegen Napoleon kann, so suggeriert das Drama, mit einem Militärapparat gewonnen werden, der neue Strategien zulässt und das alte Offizierskorps entlässt.

■ Erinnerung an die militärischen Erfolge

Der Stallmeister Froben

Zu den Preußen-Mythen zählt auch die Legende vom kurfürstlichen Stallmeister Froben, den Kleist ebenfalls in sein Drama eingebaut hat: Froben galt als Sinnbild für die absolute Treue und Pflichterfüllung. Sein Schicksal fand einen Platz in vielen Schulbü-

■ Mythos um den treuen Stallmeister Froben

chern des Kaiserreichs, obgleich der Erzählung von Augenzeugen widersprochen wurde: Der Kurfürst, so die Legende, habe in der Schlacht einen Schimmel geritten, der natürlich von den Schweden unter besonderen Beschuss genommen wurde. Froben, der dies bemerkt hatte, habe seinen Herrn gewarnt und zum Wechsel der Pferde aufgefordert. Der Kurfürst habe jedoch erst zugestimmt, als Froben ihm erklärte, das Tier würde scheuen. Wenige Augenblicke nach dem Wechsel wurde Froben durch eine Kugel getötet.

Prinz Louis Ferdinand von Preußen

Prinz Louis Ferdinand von Preußen

Im Zusammenhang mit den preußischen Mythen um Tapferkeit, Vaterlandsliebe und Opferbereitschaft muss auch Prinz Louis Ferdinand von Preußen (1772–1806) erwähnt werden, der als Vorbild für den Prinzen von Homburg gesehen werden kann. Der als künstlerisch begabte und als exzentrisch geltende Prinz Louis Ferdinand hatte in der Schlacht von Saalfeld (10. Oktober 1806 – vier Tage vor der vernichtenden Niederlage bei Jena und Auerstedt) befehlswidrig in die Schlacht eingegriffen und war dabei gefallen. Nach seinem Tod wurde er von den Gegnern Napoleons verehrt.

Abb. 4: Heldentod des Prinzen Louis Ferdinand von Preußen bei Saalfeld
Gemälde von Richard Knötel, 1896

Prinz Friedrich II. von Hessen-Homburg

Der historische Homburg

Kleist übernahm das Motiv des unerlaubten Eingreifens in die Schlacht um Fehrbellin, änderte aber Charakter, Alter und Lebensumstände des Prinzen von Homburg: Dieser war zum Zeitpunkt der Schlacht von Fehrbellin 42 Jahre alt, hatte eine Beinprothese und war bestimmt kein jugendlicher Patriot. Mehrfach hatte er die Dienstherren gewechselt. Bei der Darstellung des befehlswidrigen Angriffs orientierte sich Kleist an den Ausführungen von Karl Heinrich Krause im Buch *Mein Vaterland unter den hohenzolle-*

rischen Regenten von 1805. Dieses Buch hatte Kleist sich 1809 ausgeliehen. Der Vorfall wird auch in Friedrichs des Großen *Mémoires pour servir à l'histoire de la Maison de Brandenbourg* von 1751 erwähnt. Gegen den Befehl des Kurfürsten habe Homburg mit seiner Reiterei das zahlenmäßig überlegene Korps der Schweden angegriffen und musste die Flucht ergreifen. Er wäre geschlagen worden, hätte der Kurfürst ihn nicht mit den übrigen Truppen gerettet. Und so wurde die Schlacht trotz der Befehlsverweigerung von Homburg gewonnen, nicht durch ihn! Der Kurfürst habe nach der Schlacht den zerknirschten Prinzen zu sich beordert und ihm eröffnet, dass er eigentlich den Tod verdient habe, aber dass er angesichts des Sieges seine Hände nicht mit dem Blut des Prinzen beflecken wolle. Kleist radikalisiert den Stoff und spitzt ihn auf den Konflikt von Gehorsam, Schuld und individueller Freiheit zu. Der Heroisierung des Prinzen von Homburg stellt er die Entheroisierung des Prinzen angesichts des Todes entgegen.

Kleists Radikalisierung des Stoffs

6. Interpretationsansätze

Symbole und Motive

Der Handschuh

Neben seiner eigentlichen Funktion kam dem Handschuh seit dem Mittelalter immer auch eine besondere symbolische Bedeutung als Rechts- und Liebessymbol zu. Handschuhe konnten vom Kaiser oder König als besondere Gunstbezeugung überreicht werden, der dem Gegner hingeworfene Fehdehandschuh war die Aufforderung zum Duell. Bekam ein Ritter einen Handschuh von einer Dame überreicht, war dies eine besondere Art, ihm ihre Gunst kundzutun, und der Ritter trug ihn in einem feinen Beutel um den Hals. Indem man den Handschuh zurückwarf, konnte man allerdings auch die Liebe beenden (Schillers Ballade *Der Handschuh* zeugt davon).

■ Der Handschuh als Liebessymbol

In Kleists Drama gewinnt der Handschuh Natalies eine herausragende Bedeutung: Das Spiel des Kurfürsten mit dem somnambulen Prinzen endet, als der Prinz Natalie unwillentlich den Handschuh abstreift und in der Hand behält. Dieser Handschuh wird nun für den Prinzen zum Zeugnis dafür, dass der Traum von einer glücklichen und glorreichen Zukunft und Liebeserfüllung kein Traum gewesen sein kann. Hält er doch ein sichtbares Zeichen in der Hand, auch wenn er anfangs nicht weiß, wem der Handschuh gehört. Als er erkennt, dass es Natalies Handschuh ist,

■ Sichtbares Zeichen für den Traum von Liebe

»steht [er], einen Augenblick, wie vom Blitz getroffen da, dann wendet er sich mit triumphierenden Schritten wieder in den Kreis der Offiziere zurück« (nach V. 321). Welche innere Erregung die Erkenntnis verursacht hat, wird in dem folgenden Monolog deutlich: Der Prinz glaubt das »Glück« (V. 358) habe ihn »gestreift«, und ein »Pfand« (V. 359) als Zeichen des künftigen Erfolgs in der Schlacht in seinen Händen gelassen. Sein unerlaubter Angriff ist somit begründet in der Euphorie, die der Handschuh Natalies beim Prinzen erzeugt hat. Damit ist auch die Schuldzuweisung des Grafen Hohenzollern gegenüber dem Kurfürsten durchaus berechtigt.

Fortuna

In seinem Monolog nach der Befehlsausgabe beschwört der Prinz die Glücksgöttin Fortuna:

> »DER PRINZ VON HOMBURG *(in den Vordergrund tretend).*
> Nun denn, auf deiner Kugel, Ungeheures,
> Du, der der Windeshauch den Schleier heut,
> Gleich einem Segel lüftet, roll heran!
> Du hast mir, Glück, die Locken schon gestreift:
> Ein Pfand schon warfst du, im Vorüberschweben,
> Aus deinem Füllhorn lächelnd mir herab:
> Heut, Kind der Götter, such ich, flüchtiges,
> Ich hasche dich im Feld der Schlacht [...]«
> (V. 355–361).

Abb. 5: Die Jagd nach dem Glück
Gemälde von Rudolf Friedrich August Henneberg, 1866

Attribute der Göttin Fortuna

Zwar nennt der Prinz die wichtigsten Attribute der Göttin, doch berücksichtigt er dabei nicht die Mehrdeutigkeit der zugeordneten Symbole: So stehen Segel, Kugel und Flügel für die Unbeständigkeit des Glücks, das Füllhorn gießt die Göttin ohne Ansehen der Figur willkürlich aus, zudem steht die Göttin mit den Mächten Zeit, Vergänglichkeit und Tod in enger Wechselbeziehung. Mit der Wahl Fortunas als Kraft, die den Prinzen vorantreibt, hat Kleist auch deren Gegenkräfte und Gegenspieler vor Augen: Weisheit, Tugend, Vernunft und eigenständiges Denken sind die Garanten, dass der Mensch nicht willkürlich han-

Gegenspieler Fortunas

delt. Und so steht dem auf sein Glück vertrauenden Prinzen der besonnen handelnde Kurfürst entgegen.

Garten – Kranz – Blumen

Die erste Szene des Dramas spielt symbolhaft in einem »Garten im altfranzösischen Stil«. Diese Gartenanlage repräsentiert die formal strenge Gestaltung der französischen Gärten der Barockzeit, die im Gegensatz zu den scheinbar naturnahen englischen Gärten steht. Auch die englischen Gärten sind kunstvoll von Gartenarchitekten angelegt, doch sollen sie mit ihren Hügeln, scheinbar natürlichen Wasserläufen und unregelmäßig gepflanzten Bäumen wie frei gewachsene Natur aussehen.

Strenge Künstlichkeit des französischen Gartens

Der französische Garten zeichnet sich aus durch eine geometrische Gliederung mit Haupt- und Nebenachsen, Kanälen und streng geometrisch angelegten Beeten, z. T. mit südländischen Pflanzen (z. B. Lorbeer), die im Winter in Gewächshäusern untergebracht werden. Auch Bäume und Sträucher werden geometrisch beschnitten. Damit spiegelt der Garten die Künstlichkeit eines vom Menschen geschaffenen Werks, Regelmaß und Symmetrie – und visualisiert so ebenfalls die Ordnung des preußischen Militärs. Der träumende Prinz in seinem unmilitärischen Aufzug steht also in deutlichem Widerspruch zu der Künstlichkeit der Gartenarchitektur.

Der Kranz, den der Prinz träumerisch flicht, ist das

Symbolkraft des Kranzes

Symbol für Ruhm, Ehre und Sieg. Im christlichen Glauben ist der Kranz auch Siegeszeichen über den Tod. Vor allem der Lorbeerkranz gilt als Symbol des Sieges: Schon im antiken Rom wurden, dem Vorbild der Gottheit Jupiter folgend, die Kaiser Roms und die siegreichen Helden einer Schlacht mit Lorbeer bekränzt. Mit dem unterbewussten Flechten des Lorbeerkranzes nimmt der Prinz also symbolisch den Sieg in der Schlacht voraus. Und tatsächlich wird am Ende Natalie dem Prinzen den Lorbeerkranz aufsetzen und die Kette des Kurfürsten umhängen.

Die Kette

Kette als Symbol

Die Kette, die der Kurfürst um den Kranz des Prinzen windet, hat einen hohen symbolischen Wert. Sie ist als Amtskette ein Zeichen für Würde, dient der Zurschaustellung des besonderen Amtes und zeichnet den Träger als Repräsentanten aus. Darüber hinaus signalisiert sie, dass der Träger sich in der Tradition eines überlieferten Wertesystems bewegt. Das Spiel des Kurfürsten mit der Amtskette ist daher ein heikles und willkürliches Spiel außerhalb der Tradition, denn die Übergabe der Amtskette steht symbolisch für die Übertragung eines Amtes. Einen tieferen Sinn erhält die tatsächliche Übergabe der Kette durch die Prinzessin erst am Schluss.

Nacht

Doppelcharakter der Nacht

Die Nacht hat in der Literatur einen besonderen Stellenwert. Sie gibt dem Unbewussten und den Träumen ihren Raum, das Bewusstsein und realistisches Urteilsvermögen sind deutlich getrübt. Zugleich ist die Nacht der Scheitelpunkt zum Neubeginn des Tages und des Lebens. Die Nacht hat also den Doppelcharakter von Tod und Leben, Stillstand und Neubeginn. Mit ihren unheimlichen Seiten, den Träumen und den unterbewussten Seelenzuständen ist die Nacht zu einem der Lieblingsmotive der Romantik geworden und steht in Kontrast zum hellen Tag, der eher die Aufklärung symbolisiert.

Tappen im Dunkeln – die Verwirrung des Prinzen

Schon zu Beginn des Dramas sieht der Zuschauer den Prinzen nachts im Schein des Mondes schlafwandelnd einen Siegeskranz flechten. Zugleich träumt er sich in eine Liebe zu Natalie hinein; der Prinz befindet sich in ›geistiger Umnachtung‹, »*halb wachend halb schlafend*« wird er von den anderen Figuren entdeckt. Ursprünglich ging man tatsächlich davon aus, dass der Mond Somnambulismus auslöse, daher wurde es auch fälschlicherweise als ›Mondsucht‹ (Lunatismus) bezeichnet. Die Schlusszene wiederholt Ort, Mondnacht und Handlung des Anfangs und hebt die Verwirrung des Prinzen, der die Geschehnisse weder zu Beginn noch am Ende als Traum oder Realität deuten kann, hervor. Den völligen Zusammenbruch erleidet der Prinz, als er nachts im Fackelschein sein Grab sieht. Zum Schluss wird die Nacht sogar noch einmal verstärkt durch die Binde, die der Prinz auf dem Gang zur Schein-Hinrichtung trägt: vor seinem inneren Auge verblassen nun alle Farben und Formen, nur noch die Gerüche der Nachtblumen mildern die Hoffnungslosigkeit. Ihr Duft signalisiert Leben und Harmonie und mildert damit die Angst vor der Dunkelheit.

Levkojen, Nelken, Nachtviolen

Motiv der Blumen

Zum Motiv der Nacht gehören auch die Blumen, die in der vorletzten Szene genannt werden: Als der Prinz glaubt, mit verbundenen Augen in der Nacht zur Hinrichtung geführt zu werden, sind seine Sinne geschärft. Er meint, den Duft von Nachtviolen wahrzunehmen, doch Rittmeister Stranz, der ihn führt, korrigiert ihn: »Es sind Levkojn und Nelken« (V. 1841).

Nacht-Levkojen sind Blumenarten, deren Duft sich erst in der Nacht entfaltet und sehr intensiv ist. Daher sind sie schon von Weitem wahrzunehmen. So wird die nächtliche Atmosphäre noch einmal betont und die Todeserwartung des Prinzen eingebettet in eine unwirkliche Welt der Düfte. Die Nelke, die der Stallmeister dem Prinzen reicht, übertrifft mit ihrem nächtlichen Duft noch den der Levkojen. Angesichts des Todes – gedanklich schon weit aus der Welt geschieden und in einer eigenen Welt gefangen – will der Prinz die Nelke »zu Hause [...] in Wasser setzen« (V. 1845). Die Blumen stehen also in enger Verbindung zum Leben und vermögen für den Prinzen in diesem Moment sogar den Tod zu überwinden.

Liebe und Tod

Zudem ist die Nelke eine Pflanze mit deutlichem Symbolcharakter. Sie symbolisiert sowohl die Liebe als auch den Tod. Einerseits kann sie auf die bevorstehende Zusammenkunft zweier Liebender verweisen und als Zeichen verstanden werden, dass diese Liebe Erfüllung finden wird, andererseits ist sie aber auch ein Vorbote für Abschied und nahenden Tod. So symbolisiert sie in Kleists Drama sowohl die Hoffnungen und Wünsche des Prinzen – ein Leben mit Natalie an seiner Seite – als auch dessen größte Angst – sein, wie er glaubt, bevorstehendes Ende.

Natalies Blumenvergleich

Das Motiv der Blumen wird im Drama noch ein weiteres Mal aufgegriffen: Als die Prinzessin beim Kurfürsten um Gnade für den Prinzen bittet, vergleicht sie diesen mit einer Blume: »Ich will nur, dass er da sei, lieber Onkel, / Für sich, selbständig, frei und unabhängig, / Wie eine Blume, die mir wohlgefällt« (V. 1087 ff.). Hier wird die Blume zum Symbol für das Leben.

Insubordination und Strafe

Spontanes Todesurteil

Aus einem scheinbar harmlosen höfischen Spiel mit dem Prinzen entwickelt sich ein tragischer Konflikt, der mit dem Todesurteil durch ein Militärgericht endet und nur durch eine zweifelhafte Begnadigung durch den Kurfürsten zu einer glücklichen Lösung kommt. Die Ursache des Konflikts scheint klar: Der Prinz hat in seiner verträumten Art den zentralen Befehl überhört, nur auf ein Kommando hin in die

Schlacht einzugreifen. Als der Sieg schon errungen scheint, greift Homburg befehlswidrig ein. Er erleidet zunächst erhebliche Verluste, kann dann doch noch einen Erfolg verzeichnen, hat aber den Gesamtsieg verscherzt – zum dritten Mal. Der Kurfürst verurteilt zunächst ohne Gerichtsbeschluss denjenigen, der die Reiterei angeführt hat, zum Tode. Damit hat er dem Gericht vorgegriffen, glaubt aber nicht, damit den Prinzen zu treffen. Er versichert sich beim Grafen Truchß, dass der Prinz die Reiterei nicht in den Kampf geführt hat. Nun allerdings kann der Kurfürst sein spontan gefälltes Todesurteil nicht ohne Autoritätsverlust zurückziehen. Als sei es eine Nebensache, befiehlt er, Homburg den Degen abzunehmen, ihn also zu degradieren, um sich dann unmittelbar danach den vom Prinzen errungenen Siegestrophäen und Kottwitz zuzuwenden. Auf die spätere Bitte des Prinzen vor dem Kreis der Offiziere, eine Begründung zu nennen, verweigert der Kurfürst zunächst die Antwort: »Jetzo nicht!« (V. 769). Schließlich erklärt er: »Du hast zu zeitig, […] / Dich in die Schlacht gedrängt; […] / ungerufen!« (V. 769 ff.). Die ironische Nachfrage Homburgs, ob die Märkischen »geschlagen worden« (V. 773) seien, ruft einen Wutausbruch des Kurfürsten hervor. Er stampft mit dem Fuß auf und erklärt: »Der Satzung soll Gehorsam sein« (V. 774). Erst jetzt befiehlt er, den Prinzen vor ein Kriegsgericht zu bringen. Das Vergehen des Prinzen, seine Insubordination, ist offenbar so eindeutig, dass das Gericht das Vor-Urteil des Kurfürsten bestätigen wird.

Wutausbruch des Kurfürsten

Begründung des Todesurteils

»Das schon zum Greifen nahe Kriegsziel [entzieht] sich noch einmal in die Zukunft […]. Ein solcher Verstoß eines Unterführers, und sei es des Generals der Reiterei, gegen das Staatsinteresse müsste nach jedem, nicht nur brandenburgischem Kriegsrecht, mit dem Tode geahndet werden«.[1]

Der Kurfürst fasst die eigentliche Schuld des Prinzen noch einmal zusammen, bevor er das Todesurteil zerreißt:

»[…] Der Prinz von Homburg
Hat im verflossnen Jahr, durch Trotz und Leichtsinn,
Um zwei der schönsten Siege mich gebracht;
Den dritten auch hat er mir schwer gekränkt.«
(V. 1818–21)

Macht und Gerechtigkeit

Aufgeklärter Absolutismus

Der Kurfürst tritt dem Zuschauer in diesem Drama als ein Vertreter des »aufgeklärten Absolutismus« entgegen. Er sieht seine Stellung nicht von Gott abgeleitet (Gottesgnadentum) und damit über jedem Gesetz stehend, sondern er fühlt sich als Repräsentant seines Staats für das Allgemeinwohl zuständig. Die Rechtsprechung liegt in den Händen von Gerichten, beispielsweise dem Militärgericht, der Fürst jedoch

1 Beda Allemann, *Heinrich von Kleist. Ein dramaturgisches Modell*, hrsg. von Eckart Oehlenschläger, Bielefeld 2005, S. 239.

überwacht die Abläufe und kann Urteile überprüfen oder revidieren.

Das Recht, eine Strafe umzuwandeln oder zu erlassen, ist in Kleists Drama dem Staatsoberhaupt, dem Kurfürsten, vorbehalten.

Begnadigungsrecht

Tatsächlich war das Begnadigungsrecht in Brandenburg vom 17. Jahrhundert an das Recht der Majestät. Das uneingeschränkte Begnadigungsrecht ist in dem *Allgemeinen Landrecht für die preußischen Staaten von 1794* festgelegt. Zwar konnten Obristen anstelle des Herrschers Militärjustiz ausüben, also Urteile sprechen, aber ein Begnadigungsrecht stand ihnen nicht zu.

Im Gespräch mit dem Grafen Hohenzollern erläutert der Prinz, dass der Kurfürst sein Herz sprechen lassen und ihn begnadigen werde. Schlüssige Argumente für diese Einschätzung hat er nicht, vielmehr beruft er sich auf die private Beziehung zum Kurfürsten. Dass er kurz zuvor vor einem Kriegsgericht stand, sieht er sogar als Zeichen einer bevorstehenden Begnadigung. In völliger Überschätzung seiner Situation glaubt er sogar, dem Kurfürsten gönnerhaft das Spiel mit dem Gericht gewähren zu können.

»DER PRINZ VON HOMBURG.

[…]
Wie könnt er doch vor diesen Tisch mich laden,
Von Richtern, herzlos, die den Eulen gleich,
Stets von der Kugel mir das Grablied singen,
Dächt er, mit einem heitern Herrscherspruch,

Nicht, als ein Gott in ihren Kreis zu treten?
Nein, Freund, er sammelt diese Nacht von Wolken
Nur um mein Haupt, um wie die Sonne mir,
Durch ihren Dunstkreis strahlend aufzugehn:
Und diese Lust, fürwahr, kann ich ihm gönnen!«
(V. 852–860)

Gnadenakt aus christlicher Sicht

Während der Prinz sehr genau wissen müsste, dass die Begnadigung eines Offiziers keineswegs ein willkürlicher Akt sein kann, der sich nur aus persönlicher Beziehung speist, darf sich die Prinzessin sehr viel stärker auf eine Art christliche Gnade durch den Herrscher berufen. So erhofft Natalie, dass sie das Herz des Kurfürsten rühren könne. Sein Gnadenakt, das Urteil der Richter »willkürlich zu zerreißen« (V. 1127), so argumentiert sie, werde doch nicht gleich das Reich in »Trümmern« (V. 1124) untergehen lassen.

Nicht mehr und nicht weniger verlangt die Prinzessin als ein wohlwollendes hoheitliches Handeln.

Trotz und Übermut als Schuld

Der Prinz bekennt sich in freier Entscheidung, die ihm der Kurfürst eröffnet, vor allen Offizieren dazu, dass er »das heilige Gesetz des Kriegs, – […] im Angesicht des Heers« (V. 1750 f.) verletzt hat. Seine Schuld, die er in »Trotz, […] Übermut« (V. 1757) sieht, will er durch »einen freien Tod verherrlichen!« (V. 1752). Zugleich bittet er den Kurfürsten um Vergebung und Versöhnung. Damit hat er den Rechtsanspruch des Kurfürsten und des Gerichts sowie das Urteil anerkannt. Darüber hinaus verbindet er seine Handlungsfreiheit mit der Idee der Freiheit für die Heimat Brandenburg (V. 1760 f.).

Handlungsfreiheit des Kurfürsten

Nachdem der Prinz nun zur der Einsicht gelangt ist, dass er schuldig ist, dass das verhängte Todesurteil zwingend notwendig ausgesprochen wurde und er auf eine Begnadigung verzichtet, kann der Kurfürst frei seinem Herzen folgen und das Todesurteil zerreißen. Die Scheinhinrichtung allerdings wirft ein beunruhigendes Licht auf die großherzige Geste des Kurfürsten. Zwar hat der Kurfürst vor den versammelten Offizieren das Todesurteil vernichtet, aber keine Begnadigung ausgesprochen, sondern das Offizierskorps zu einem Hinrichtungs-Schauspiel gebeten. Nun übertrifft er noch das, was er zuvor als tyrannisch angesehen hatte: Das Zerreißen des Todesurteils und die Begründung, dass der Prinz ja sein militärisches Fehlverhalten eingesehen habe, entspringen keiner juristisch verwertbaren Grundlage gegenüber dem Kriegsgericht und rechtfertigen erst recht nicht die brutale Scheinhinrichtung. Was sich hier vor dem gesamten Hofstaat abspielt, ist das Zerbrechen der Psyche des sensiblen Prinzen und wiederholt nun konkret, was der Kurfürst zu Beginn angedroht hat: »Ins Nichts mit dir zurück!«

Zerbrechen der Psyche des Prinzen

Somnambulismus und Ohnmachten

■ Verhaltensstörungen im Werk Kleists

In Kleists Werken finden wir häufig Figuren, die sich nicht rational verhalten und die sich nicht auf ihren Verstand und ihren Körper verlassen können. Ihr Körper wird unzuverlässig und nicht steuerbar, dafür ergänzen oder ersetzen sie durch Erröten, Erblassen, Ohnmachtsanfälle und somnambule Verhaltensweisen das Repertoire der Sprache.

■ Somnambulismus – Wechselbeziehung von Geist und Materie

Kleist wurde im Herbst 1807 mit Fällen von Somnambulismus durch eine Vorlesungsreihe seines Bekannten, des Arztes und Naturphilosophen Gotthilf Heinrich Schubert (1780–1860), über *Ansichten von der Nachtseite der Naturwissenschaft* bekannt gemacht. Schubert sah im Somnambulismus eine unter- und unbewusste Kommunikation zwischen Materie und Geist. Dabei sei der Somnambulismus keine Einengung des Geistes, sondern eine Erweiterung: Was der Geist im wachen Zustand nicht wisse, erkenne er im somnambulen Zustand mit besonderer Klarheit. Sein Unterbewusstsein übersteige das ausgeschaltete Wachbewusstsein. Hintergrund dieser Ansichten ist die Idee der Wechselbeziehung von Geist und Materie, die der Arzt Franz Anton Mesmer (1734–1815) vertrat. Sie fand als sogenannter ›animalischer Magnetismus‹ am Ende des 18. Jahrhunderts großen Zuspruch.

So erblickt auch der Prinz in seinem somnambulen Zustand einen ruhmreichen Sieg und die Liebeserfüllung mit Natalie, doch scheitert er im Wachzustand zunächst an einer Welt der militärischen Grundprinzipien. Seine Ohnmachten sind der Versuch, dem unterbewussten Druck zu entkommen. Möglicherweise sieht er seine Liebe zu Natalie am Hof als nicht erwünscht an. Seine Tapferkeit wird zwar vom Grafen Hohenzollern gelobt, doch die beiden verlorenen Gefechte, die er verschuldet hat, sind dem Kurfürsten im Gedächtnis geblieben. Wie Kleist selbst steht der Prinz zerrissen zwischen den alltäglichen Anforderungen und seiner unmilitärischen Sensibilität, die sich sogar zu Beginn des Dramas in seiner völlig derangierten Kleidung zeigt. Kleist selbst hatte im Zwiespalt zwischen emotionaler Freiheit und dem beruflichen Zwang die militärische Laufbahn aufgegeben. Und so hat er »die Erwartbarkeit des heißen Todes auf dem Schlachtfeld mit dem schleichenden Tod im frühbürgerlichen Überlebenskampf [vertauscht]. Tatsächlich hat er auch diesen nicht gewonnen«.[2]

■ Kleists militärische Erfahrung

Erziehung des Prinzen

Lange Zeit lag das Schwergewicht der Interpretation auf dem Aspekt der Erziehung des Prinzen. Dem strengen Vater, dem Kurfürsten, fällt die Aufgabe zu, dem uneinsichtigen Sohn die Augen zu öffnen für seine militärische und politische Zukunft. Dazu nutzt der Kurfürst das strenge Erziehungsmittel einer harten Bestrafung. Doch er ist sicher, dass der jugend-

■ Strafe als strenges Erziehungsmittel

2 Wilhelm Genazino, »Die Flucht in die Ohnmacht«, in: *Akzente* 55 (2008) H. 4, S. 366–373.

Reifungsprozess des Prinzen

liche Übermut des Prinzen zur Einsicht gebracht werden kann, ohne dass er die Strafe vollziehen muss. Während der Prinz einen Reifungsprozess über Trotz und Verzweiflung bis hin zur Erkenntnis seines Fehlverhaltens und Anerkennung seiner Schuld durchlebt, wird er zu einem innerlich positiven Helden. Daher kann der Vater auch das Urteil zurücknehmen und dem Sohn verzeihen. Für den Literaturwissenschaftler Peter von Matt (geb. 1937) ist der Kurfürst einer jener »eisernen Väter«, die ihre Söhne mit besonderer Härte erziehen:

> »Zuletzt, man weiß es, wird aus dem Prinzen wieder ein ›Mann‹, und was für einer! Vor dem eisernen Vater, dem es unter den Füßen bröckelt, weil ihm sowohl private Interessen wie ein frivoles Spiel mit dem schutzlosen Somnambulen in I,1 nachgewiesen werden, vor diesem eisernen Vater steht am Ende blitzend der eiserne Sohn. Auferstanden aus dem Schlund der Welt, stimmt er in das Schlachtgeschrei der Offiziere ein: ›In den Staub mit allen Feinden Brandenburgs!‹«[3]

3 Peter von Matt, *Verkommene Söhne, mißratene Töchter. Familiendesaster in der Literatur*, München/Wien 1995, S. 89.

Traum und Wirklichkeit

Anfang und Ende des Dramas werden von zwei Ebenen bestimmt, die sich ineinander verschränken: Traum und Realität. Wie bedeutsam die Traumszene für das gesamte Drama ist, lässt sich schon formal daran erkennen, dass der erste Akt, also die Exposition des Dramas, fast gänzlich vom Traum und seinen Folgen bestimmt ist. Im Halbschlaf träumend beobachtet der Prinz ein für ihn inszeniertes Spiel, das sich zwar in der Realität abspielt, jedoch offenkundig im Unterbewusstsein des Prinzen schlummernde Hoffnungen anspricht. Seine heimliche Liebe, die Prinzessin Natalie, überreicht ihm einen Siegerkranz mit der Halskette des Kurfürsten. Der Prinz versucht, den Kranz zu erhaschen und folgt errötend der ins Schloss zurückweichenden Gruppe um Natalie und den Kurfürsten. Dabei flüstert er im Traum: »Natalie! Mein Mädchen! Meine Braut! […] Friedrich! Mein Fürst! Mein Vater! […] O meine Mutter!« (V. 65–68). Wir erfahren zwar nicht, wovon der Prinz geträumt hat, doch der Kurfürst trifft mit dem von ihm angeregten Spiel offenkundig tief empfundene Wünsche des Prinzen: Ruhm (Lorbeerkranz), Liebe (Natalie) und eine Familie (Vater, Mutter). Es sind also weder Eitelkeit (Siegeszuversicht vor dem Kampf) noch Egozentrik, die hier zum Ausdruck kommen, sondern eine tiefenpsychologisch nachvollziehbare Verarbeitung seiner eigenen Situation. Dabei hatte der Kurfürst sein Spiel eher als Experiment gesehen, wollte sehen,

- Das Unterbewusstsein des Prinzen

- Die unbewussten Wünsche des Prinzen

»wie weit er's treibt« (V. 64). Doch dann muss er sein Spiel abrupt unterbrechen: »Ins Nichts mit Dir zurück, Herr Prinz von Homburg« (V. 74), eine Vorwegnahme des Todesurteils.

Traumdeutung im 20. Jahrhundert

Lange wurde die Traumwirklichkeit des Prinzen – so wie es im Drama auch seine Umgebung tut – als krankhaft, als »bloße Unart seines Geistes« (V. 39) und »eitel« (V. 61) gesehen. Erst in der ersten Hälfte des 20. Jahrhunderts gewann dieser Aspekt des Dramas eine herausragende Bedeutung und wurde sogar als Schlüssel des gesamten Dramas gesehen.

Freuds Traumdeutung

Etwa 90 Jahre nach der Niederschrift des Dramas wird Sigmund Freud (1856–1939) in seinem aufsehenerregenden Buch *Die Traumdeutung* (1899/1900) Träume als unterdrückte Wünsche und Triebe deuten, die sich während des Schlafes aus dem Unterbewussten ins Bewusstsein drängen. Sie werden dann aber sozusagen von einer inneren zensierenden psychischen Kraft so verändert, dass die Träume meist seltsam oder sogar absurd erscheinen.

Verschiebung der Wirklichkeit im Traum

Als der Prinz dem Grafen Hohenzollern sein »Traum-Erlebnis« erzählt, wird deutlich, dass er die Realität zugunsten einer eigenen Traumwirklichkeit verändert hat: das Fehrbellinsche Schloss wird zum »Gold und Silber strahlend[en] […] Königsschloss« (V. 141 f.) wie im Märchen, der Kurfürst »mit der Stirn des Zeus« (V. 158) hält einen Kranz, Natalie wird zu »einem Genius des Ruhms« (V. 172) und die Rampe vor dem Schloss »dehnt sich […] / Endlos, bis an das Tor des Himmels aus« (V. 181). Erst als der Prinz erwacht, wird er mit einem realen Objekt, dem Handschuh, konfrontiert. Dieser Handschuh beschäftigt ihn nun so, dass er die Befehlsausgabe überhört, und wieder »*vor sich nieder*« (nach V. 204) träumt.

Der Traumwunsch nach Ruhm scheint dann in der Schlacht unerfüllbar, da Wrangel mit seinen Truppen schon auf dem Rückzug ist.

»DRITTER OFFIZIER.
Jetzt sind sie bei den Schanzen aneinander! –
GOLZ. Bei Gott! Solch einen Donner des Geschützes
Hab ich zeit meines Lebens nicht gehört!
HOHENZOLLERN.
Schießt! Schießt! Und macht den Schoß der Erde bersten!
Der Riss soll eurer Leichen Grabmal sein.
(Pause. – Ein Siegesschrei in der Ferne.)
ERSTER OFFIZIER. Herr, du, dort oben, der den Sieg verleiht:
Der Wrangel kehrt den Rücken schon!«
(V. 458–464)

In das Siegesgeschrei hinein ergreift der Prinz die Chance zu einem eigenen, wenn auch unerlaubten, Angriff, der jedoch zunächst misslingt. Erst als Homburg und seine Truppen glauben, dass der Kurfürst gefallen sei, forcieren sie den Angriff voller »Rache« (V. 572) und erringen den Sieg.

»MÖRNER.
Drauf fasst, bei diesem schreckenvollen Anblick,
Schmerz, unermesslicher, des Prinzen Herz;
Dem Bären gleich, von Wut gespornt und Rache,
Bricht er mit uns auf die Verschanzung los:
Der Graben wird, der Erdwall, der sie deckt,
Im Anlauf überflogen, die Besatzung
Geworfen, auf das Feld zerstreut, vernichtet,
Kanonen, Fahnen, Pauken und Standarten,
Der Schweden ganzes Kriegsgepäck, erbeutet«
(V. 550–558).

Damit erfüllt sich der erste Traumwunsch des Prinzen.

Erfüllung der Traumwünsche

Zugleich eröffnet der Tod des Kurfürsten noch weitere Aussichten auf Erfüllung unterschwelliger Wünsche. Als Natalie den Prinzen verzweifelt fragt, wer »vor dieser Welt von Feinden uns beschirmen« (V. 579) könne, erklärt der Prinz von Homburg, indem er vertrauensvoll »*ihre Hand* [*nimmt*]«:

»Ich, Fräulein, übernehme eure Sache!
Ein Engel will ich, mit dem Flammenschwert,
An eures Throns verwaiste Stufen stehn!
Der Kurfürst wollte, eh das Jahr noch wechselt,
Befreit die Marken sehn; wohlan! Ich will der
Vollstrecker solchen letzten Willens sein!«
(V. 581–586)

Rollenübernahme

Zugleich ergreift der Prinz die Chance, eine Art Verlobung mit Natalie einzugehen. Der Prinz übernimmt also sofort in politischer und familiärer Hinsicht die Rolle des Kurfürsten. Freud wird später eine derartige Situation als Ödipuskomplex beschreiben: Im Unbewussten rivalisiere der Sohn mit dem Vater um die Gunst der Mutter und wolle dessen Platz einnehmen. Tatsächlich aber wird der Traum von Glück, Ruhm und Macht zum Alptraum, als der Prinz erfahren muss, dass der Kurfürst-Vater ihn zum Tode verurteilt. Ausdrücklich erklärt Homburg, dass er den Kurfürsten nun nicht mehr Vater nennen könne: »Leider jetzt verscherzt« (V. 1766), wobei offenbleibt, von wem aus die Anrede verscherzt ist.

Der Kreis scheint sich am Ende des Dramas zu schließen: Nun erhält der Prinz alles, was er sich erträumt hat: Natalie setzt ihm den Kranz auf, hängt ihm die Kette um und *»drückt seine Hand an ihr Herz«* (nach V. 1851). Die ungläubigen letzten Worte des Prinzen, »Ist es ein Traum?« (V. 1856), zeugen von seiner absoluten Verwirrung. Die Antwort von Kottwitz – »Ein Traum, was sonst?« (V. 1856) – öffnet das Drama wieder zum Anfang hin: Nun aber hat der Kurfürst mit dem Hinrichtungsspiel den Traum um einen Alptraum erweitert.

Der Tod

Der Tod ist allgegenwärtig

Der Tod überschattet das gesamte Drama; zunächst nur als Erzählung des Grafen Hohenzollern, der berichtet, wie der Prinz von Homburg »seit drei Tagen / Den flüchtgen Schweden munter nachgesetzt« (V. 2 f.). Dann wirft die Schlacht schon deutlicher ihre Schatten voraus mit dem Befehl:

»FELDMARSCHALL.
Der Plan der Schlacht, ihr Herren Obersten,
Den die Durchlaucht des Herrn ersann, bezweckt,
Der Schweden flüchtges Heer, zu gänzlicher
Zersplittrung, von dem Brückenkopf zu trennen,
Der an dem Rhynfluss ihren Rücken deckt.«
(V. 248–252)

Der anonyme Tod im Feld

Der Tod, der die Schlacht begleitet, in der auch die Reiterei des Prinzen niedergemäht wird, bleibt zunächst anonym und wird mit einem Bild umschrieben.

»MÖRNER.
[…]
Zwei Linien hatt er [der Prinz], mit der Reuterei,
Durchbrochen schon, und auf der Flucht
vernichtet,
Als er auf eine Feldredoute stieß.
Hier schlug so mörderischer Eisenregen
Entgegen ihm, dass seine Reuterschar,
Wie eine Saat sich knickend niederlegte:«
(V. 528–533)

Erst der angebliche Tod des Kurfürsten und der heldenhafte Opfertod Frobens werden ausführlich dargestellt und Frobens Tod zum Heldenmythos stilisiert.

Der Tod des Kurfürsten – so tragisch er für Natalie und die Kurfürstin ist – scheint dem Prinzen alle Möglichkeiten zu eröffnen, die er sich erträumt hat. Zwar wagt der Prinz nicht, seine Freude über die neue Situation zu zeigen, doch deutet er sie indirekt an:

> »DER PRINZ VON HOMBURG *(schlägt seinen Arm um ihren Leib).*
> O meine Freundin! Wäre diese Stunde
> Der Trauer nicht geweiht, so wollt ich sagen:
> Schlingt Eure Zweige hier um diese Brust,
> Um sie, die schon seit Jahren, einsam blühend,
> Nach Eurer Glocken holden Duft sich sehnt!«
> (V. 600–604)

Die Nachricht, dass der Kurfürst lebt, führt zur tragischen Wende. Der überlebende Herrscher vernichtet nicht nur alle Hoffnung des Prinzen auf privates Glück und öffentliche Anerkennung, sondern verhängt über ihn das Todesurteil. Nun steht dem eher abstrakt vorstellbaren Tod im Feld die konkrete Situation des offenen Grabes für den zum Tode Verurteilten entgegen. Angesichts des Grabes überkommt den Prinzen das nackte Entsetzen.

Das offene Grab

»DER PRINZ VON HOMBURG.
Ach! Auf dem Wege, der mich zu dir führte,
Sah ich das Grab, beim Schein der Fackeln, öffnen,
Das morgen mein Gebein empfangen soll.
Sieh, diese Augen, Tante, die dich anschaun,
Will man mit Nacht umschatten, diesen Busen
Mit mörderischen Kugeln mir durchbohren.«
(V. 981–986)

Überlebenswille

Der Reitergeneral, der noch kurz zuvor, als sein Angriff im Kugelhagel zu scheitern schien, in Todesgefahr war, wird nun plötzlich mit seinem geplanten Tod konfrontiert. Und angesichts dieses Todes erwacht ein kreatürlicher Überlebenswille. Der Tod aus den Gewehrmündungen, in die er blicken wird, entfacht die Todespanik. Er ist bereit, auf alles zu verzichten, was ihm bisher bedeutsam war.

Nicht zuletzt der Todesszene wegen war das Drama, das Kleist als »patriotisches Stück« deklariert hatte, lange Zeit unerwünscht. Schon nach der dritten Aufführung erließ König Friedrich Wilhelm III. (1770–1840) ein Aufführungsverbot. Ein preußisch-brandenburgischer Reitergeneral, der angesichts seines vorbereiteten Grabes angstschlotternd um sein Leben bettelt und bereit ist, sich nach einer unehrenhaften Entlassung aufs Landgut zurückzuziehen, war einer militarisierten Gesellschaft nicht zumutbar.

Besiegte Todesfurcht

Als Natalie dem Prinzen verspricht, sich für ihn einzusetzen, ihn daran erinnert, dass er sein Leben in Schlachten riskiert hat und ihm rät, sich sein Grab noch einmal anzusehen, ändert sich seine Perspektive auf den Tod. Als der Prinz später das Urteil des Kurfürsten annimmt, ist die Todesfurcht besiegt.

»DER PRINZ VON HOMBURG *(wendet sich zum Kurfürsten).*
[…]
Vergib, wenn ich am Tage der Entscheidung,
Mit übereiltem Eifer dir gedient:
Der Tod wäscht jetzt von jeder Schuld mich rein.
Lass meinem Herzen, das versöhnt und heiter
Sich deinem Rechtsspruch unterwirft, den Trost,
Dass deine Brust auch jedem Groll entsagt«
(V. 1765–73).

Epochenmerkmale des Dramas

Kleist als Grenzgänger der Epochen

Kleist wird als ein Grenzgänger der Epochen bezeichnet, da seine Dramen Merkmale des Sturm und Drangs, der Klassik und der Romantik erkennen lassen. Zugleich aber weisen seine Dramen auch über diese Epochen hinaus in die Moderne, beispielsweise durch die vertiefte Beachtung psychologischer Merkmale der handelnden Figuren.

Merkmale eines klassischen Dramas

Der *Prinz Friedrich von Homburg* ist zunächst in seiner formalen Strenge (Einhaltung der drei Einheiten, Symmetrie zwischen Exposition und Lösung, Verwendung des Blankverses) eher dem klassischen geschlossenen Drama zuzuordnen. Dies gilt auch für den Konflikt der handelnden Figuren (vergleichbar Schillers Drama *Don Karlos*). Die private und politische Rolle des Kurfürsten führt zu dem Konflikt des »Vaters« mit der Rolle des staatsmännischen Herrschers, der fast in eine Katastrophe führt, die alle zentralen Figuren betroffen hätte. Mit der Figur des Kurfürsten steht dem Prinzen eine eher der Klassik entsprechende starke Persönlichkeit gegenüber. Weitgehend beherrscht und zielorientiert entspricht er der klassischen Idee eines idealen Herrschers, der – wie das Gespräch mit Natalie beweist – durchaus auch Mitleid empfindet.

Motive der Romantik

Diesen Epochenmerkmalen stehen allerdings die Themen ›Traum‹, ›Schlafwandel‹ und ›Ohnmachten‹ entgegen, die eher Motive der Romantik sind. Auch der Protagonist Homburg kann nicht als Held eines klassischen Dramas gesehen werden. Er verträumt wichtige Aufgaben, schlafwandelt, folgt seinem Unterbewusstsein und seinen geheimen Träumen, ist von Todesfurcht geschüttelt, ihm fehlen zunächst Stärke und bewusste Autonomie.

Der Dramenverlauf entspricht ebenfalls nicht allen Anforderungen eines klassischen Dramas. Bis zur letzten Szene bietet das Drama eine tragische Handlung, die mit dem entsagenden Tod des Protagonisten zu enden scheint. Erst in der letzten Szene tritt die überraschende Wende ein. Der Tod, der beinahe eingetreten wäre, wird abgeschwächt zu einer Ohnmacht Homburgs, aus der ihn der Kanonendonner wieder zum Bewusstsein bringt. Leben und Tod liegen dicht beieinander.

Ist Homburg nun als neuer, als autonomer, dem Herrscher willkommener Mensch aus seinen Träumen erwacht? Damit ergäbe sich die Intention des Dramas aus dem Entwicklungsprozess des Prinzen, der zu einer Synthese von Kriegsrecht und Gehorsam sowie individueller Haltung und persönlicher Freiheit führt. Die Frage, ob das Leben in dieser Form ein Traum sei, beantwortet Kottwitz – stellvertretend für Kleist in seiner Zeit und persönlichen Situation –: »Ein Traum, was sonst?« (V. 1856).

7. Autor und Zeit

Abb. 6: Heinrich von Kleist
Miniatur von Peter Friedel, 1801

Kleist – Herkunft aus preußischem Uradel

Kleist wurde am 18. Oktober 1777 als Sohn eines preußischen Offiziers in Frankfurt an der Oder geboren. Er entstammte einer sehr angesehenen preußischen Uradelsfamilie, aus der zahlreiche Generäle, Marschälle, hohe Diplomaten und wohlhabende Gutsbesitzer kamen. So war sein Großonkel Ewald von Kleist (1715–1759) Offizier in der Armee Friedrichs II., zugleich bedeutender Dichter der Aufklärung und ein Freund Lessings.

Über die Kinderjahre gibt es sehr wenige und widersprüchliche Informationen. Nach dem Tod des Vaters 1788 kam Kleist zur weiteren Ausbildung nach Berlin. 1792 trat er mit noch nicht einmal 15 Jahren der Familientradition entsprechend in Potsdam als Gefreiter–Korporal einem Garderegiment bei. Er nahm 1793 am Ersten Koalitionskrieg gegen Frankreich teil und wurde 1797 Offizier. 1799 verließ er auf eigenen Wunsch die Armee. Ein nicht standesgemäßer Vorgang, den er seinem Lehrer Christian Ernst Martini in einem Brief damit erklärte, dass ihm das Militär wie eine einzige Tyrannei erscheine, die er verachte.

■ 1792 – Eintritt in die Armee

■ 1799 – Austritt aus der Armee

Im selben Jahr lernte er Wilhelmine von Zenge (1780–1852), die Tochter eines Generals, kennen und verlobte sich 1800 mit ihr.

In diese Zeit fiel auch die sogenannte Kant-Krise: Kleists Skepsis, dass man nicht entscheiden könne, ob das, was man Wahrheit nenne, tatsächlich die Wahrheit sei, und seine Absage an die Aufklärung seien mit

■ 1801 – Kant-Krise

der Lektüre von Kants (1724–1804) Schriften, vor allem der *Kritik der reinen Vernunft*, zu erklären. Die Welt ist für Kleist nicht vom aufklärerischen Optimismus getragen, sondern fragwürdig, rätselhaft und chaotisch. Die Macht des Unbewussten – Ohnmacht, Traum und Schlaf – werden zu zentralen Themen Kleists. Nicht der Verstand kann die Welt erfassen, sondern nur das wahre Gefühl.

Skepsis gegenüber dem Verstand

An Wilhelmine von Zenge schrieb Kleist am 22. März 1801: »Wenn alle Menschen statt der Augen grüne Gläser hätten, würden sie die Welt für grün halten«.[4] Allerdings führen nicht alle Interpreten die Krise auf Kant zurück, doch wird deutlich, dass Kleist seit dieser Zeit dem Glauben misstraute, die Welt rational mit dem Verstand erfassen zu können. 1806 schrieb er »O der Verstand! Der unglückselige Verstand«. Vielfach werden auch weitere Philosophen für Kleists krisenhaften Zustand herangezogen, etwa Rousseau (1712–1778). So begeisterte sich Kleist 1801 für Rousseau und das Ideal von einer naturverbundenen Lebensweise: Er spielte mit dem Gedanken, ein Leben als einfacher Bauer in der Schweiz zu führen und ließ sich im April 1802 auf einer Insel in der Aare bei Thun nieder. Wilhelmine von Zenge allerdings lehnte diese Lebensweise ab und trennte sich von Kleist.

Rousseausche Ideale

1804 trat Kleist in den preußischen Staatsdienst ein, den er jedoch 1807 wieder verließ. In demselben

4 Heinrich von Kleist, *Sämtliche Werke und Briefe*, Bd. 6, *Briefe 1793–1804*, hrsg. von Helmut Sembdner, München 1964, S. 163.

Jahr geriet er wegen Spionageverdachts in französische Gefangenschaft, wurde aber nach dem Tilsiter Frieden wieder entlassen. Nach seiner Entlassung begab Kleist sich nach Dresden und gab gemeinsam mit dem Philosophen und Staatstheoretiker Adam Müller (1779–1829) die literarische Zeitschrift *Phöbus* heraus. Doch seine vielen Projekte brachten ihm kein Geld ein, die geringen Zuwendungen der Familie reichten nicht aus.

Unvollständige Biographie

Viele Abschnitte von Kleists Leben liegen – trotz intensiver Forschungsarbeit – im Dunkeln, beispielsweise seine mehrmonatige politische Tätigkeit im Jahr 1809 in Böhmen, Österreich und Frankfurt an der Oder. Die Lücken in der Biographie wurden zum Teil mit Vermutungen und Spekulationen gefüllt; auch Kleist selbst hat durch rätselhafte Andeutungen in seinen Briefen die Phantasie seiner Nachwelt angeregt. Weiterhin hat die Familie Kleists dazu beigetragen, das Andenken an den Außenseiter der Familie zu verdrängen und auszulöschen.

Berliner Abendblätter

1810 kehrte Kleist nach Berlin zurück und schloss neue Freundschaften mit Schriftstellern, unter anderem mit Achim von Arnim, Clemens Brentano, Joseph von Eichendorff und Wilhelm Grimm. Seit Oktober 1810 gab Kleist die *Berliner Abendblätter* heraus, in denen diese Schriftsteller mitarbeiteten. Die Zeitung mit jeweils vier Seiten erschien täglich außer sonntags und war die erste Tageszeitung in der preußischen Hauptstadt. Der Inhalt bestand neben lokalen Meldungen und Erzählungen aus Rezensionen,

Diskussionsbeiträgen und 1810 auch aus Auszügen aus den täglichen Berichten des Polizeipräsidenten von Berlin.

1811 musste Kleist seine *Berliner Abendblätter* wegen Zahlungsunfähigkeit einstellen; dabei spielte allerdings auch die rigorose Einstellung Kleists gegenüber dem preußischen Establishment eine Rolle.

1811 war das vaterländische Drama *Prinz Friedrich von Homburg* Kleists letzte Hoffnung auf einen literarischen und finanziellen Erfolg, doch er hoffte vergeblich.

■ Erfolglose Bitten um Unterstützung

In seinem letzten Lebensjahr suchte der verschuldete Dichter verzweifelt nach einer Anstellung, bat vergebens um Wiederaufnahme in die preußische Armee und ersuchte den preußischen Staatskanzler Freiherr von Hardenberg (1750–1822) erfolglos um ein Darlehen. Am 21. November 1811 beging er zusammen mit seiner Freundin Henriette Vogel (1780–1811) am Wannsee in Berlin Selbstmord.

■ 1811 – Selbstmord

1821 erfolgt die Uraufführung des *Prinz Friedrich von Homburg* in Wien. Als Kleist Selbstmord beging, hielt er sich selbst für gescheitert, seine Familie und die preußische Gesellschaft sahen es genauso. Doch auf den Bühnen der Welt sind seine Werke präsent. Unbestritten gilt Kleist als einer der interessantesten Autoren des 19. Jahrhunderts, der sich keiner literarischen Richtung eindeutig zuordnen lässt, dafür jedoch breiten Spielraum in der wissenschaftlichen Untersuchung seines Werkes lässt. Er selbst hat keines seiner Theaterstücke je auf der Bühne gesehen.

Werke

Dramen

1802/03	*Robert Guiskard.* Trauerspiel. Fragment, erschienen April/Mai 1808 im Phöbus.
1803	*Die Familie Schroffenstein.* Trauerspiel.
1803–06	*Der zerbrochne Krug.* Lustspiel. 1808 von Goethe inszeniert.
1807	*Amphitryon.* Lustspiel.
1807	*Penthesilea.* Trauerspiel.
1808	*Die Hermannsschlacht.* Drama.
1807/08	*Das Käthchen von Heilbronn.* Ritterschauspiel.
1809–11	*Prinz Friedrich von Homburg.* Schauspiel.

Erzählungen

1807	*Das Erdbeben in Chili.*
1808	*Michael Kohlhaas.*
1808	*Die Marquise von O. . . .*
1810	*Das Bettelweib von Locarno.*
1810	*Die heilige Cäcilie.*
1811	*Der Zweikampf.*
1811	*Der Findling.*
1811	*Die Verlobung in St. Domingo.*

Essays

1805 *Über die allmähliche Verfertigung der Gedanken beim Reden.*
1809 *Katechismus der Deutschen.*
1810 *Über das Marionettentheater.*

Zeitschriften

1808 *Phöbus – Ein Journal für die Kunst.* Januar bis Dezember 1808.
1810/11 *Berliner Abendblätter.*

8. Rezeption

Widmungen

Die Hoffnung Kleists, mit seinem »vaterländischen Schauspiel« Preußen einen patriotischen Dienst zu erweisen und auf diese Weise auch finanziell erfolgreich zu sein, scheiterte in jeder Hinsicht. Zunächst hatte Kleist gehofft, dass das Drama im Privattheater des Prinzen Radziwill aufgeführt würde und er das Drama der Königin Luise von Preußen (1776–1810) widmen könnte. Doch der Tod der in Preußen ungemein beliebten Königin im Jahr 1810 durchkreuzte die Pläne Kleists, auch zu einer Aufführung kam es nicht. So widmete Kleist – auf Anraten seiner Schwester – das Drama der Gattin des Prinzen Wilhelm, der 25-jährigen Prinzessin Maria Anna Amalie, geborene Prinzessin von Hessen-Homburg, die nach dem Ableben der Königin die »erste Dame« am Hof war. Aber Kleist bekam keinerlei Rückmeldung, und so bat er seine angeheiratete Cousine, Marie von Kleist (1761–1831) darum, das Manuskript mit einem Begleitschreiben mit der Bitte um eine finanzielle Unterstützung des Autors Kleist an den Prinz Wilhelm von Preußen (1783–1851) zu senden. Auch dieser Brief blieb ohne Antwort.[5] Für Kleist mag dies das Ende aller Hoffnungen auf Hilfe vom preußischen Hof gewesen sein.

Das Ende der Hoffnungen

Uraufführung in Berlin 1828

Als das Theaterstück am 25. Juli 1828 zum ersten Mal in Berlin aufgeführt wurde, waren die Reaktio-

5 Klaus Müller-Salget, *Heinrich von Kleist*, Stuttgart 2011 [u. ö.], S. 113 f.

nen des Hofes durchweg negativ, trotz vorgenommener Kürzungen und Abmilderungen. Schon nach der dritten Aufführung untersagte der preußische König Friedrich Wilhelm III. (1770–1840, seit 1797 König von Preußen) weitere Aufführungen des *Prinz Friedrich von Homburg*. Lange Zeit galten die Anfangsszene und die Todesan gst-Szene als nicht zumutbar: Ein Drama, in dem ein somnambuler Prinz in völlig unmilitärischer Kleidung und Haltung auftritt, Befehlsverweigerung begeht und als Reitergeneral schlotternd vor Angst sein vorbereitetes Grab sieht, konnte kein höfisches Repräsentationsstück in einem militarisierten Umfeld sein.

Kritik an der Todesszene

Erst nach dem Tod Friedrich Wilhelms III. wurde Kleists Schauspiel zum Geburtstag des neuen Königs Friedrich Wilhelm IV. (1795–1861) 1841 in Berlin wieder aufgeführt.

Tiecks Deutung des Kurfürsten

Lange Zeit hatte Ludwig Tieck (1773–1853), der Kleists Schauspiel 1821 zusammen mit anderen Werken herausgegeben hatte, die Deutung des Werkes mitbestimmt. Tieck äußerte sich überaus wohlwollend über die Darstellung des Kurfürsten: Kleist sei es überzeugend gelungen, einen Herrscher auf die Bühne zu bringen, der Edelmut, Milde und Kraft in sich vereine. Daher sei dies Schauspiel auch ein »echt vaterländisches Gedicht, nicht bloß ein deutsches, […] sondern vorzüglich noch ein brandenburgisches«.[6]

6 Peter Goldammer (Hrsg.), *Schriftsteller über Kleist. Eine Dokumentation*, Berlin/Weimar 1976, S. 503.

Ideologische Deutung und patriotische Aufbruchstimmung

Wurde anfangs immer wieder kritisiert, dass Nervenkranke und Somnambule nicht auf die Bühne gehörten, sondern nur Gesunde und Vernünftige, so änderte sich im Laufe des 19. Jahrhunderts die ideologische Blickrichtung. Nun waren es Frobes Opfertod, die heldenhafte Überwindung der Todesangst, Homburgs Entwicklung zum preußischen Helden sowie die patriotische Aufbruchsstimmung, die dem Schauspiel eine neue Dimension gaben.

Fontanes widersprüchliche Deutungen

Theodor Fontane (1819–1898) setzte sich mit seiner Rezension des Dramas, das 1876 in Berlin am königlichen Schauspielhaus aufgeführt wurde, kritisch mit dem Stück auseinander: Der Prinz gehöre zu jenen Gestalten, die »eitle, krankhafte, prätentiöse Waschlappen, aber keine Helden«[7] sind und nur Unheil stiften. Schon 1872 hatte sich Fontane in einem Artikel verstimmt über das »Unhistorische« geäußert, dass ihm »aus der eisernen Großen-Kurfürsten-Zeit ein moderner, tief in Romantizismus getauchter Held geboten wird, der das persönliche Empfinden, die Willkür und die nervöse [nervliche] Anwandlung über alles andre setzt«.[8] Wenige Zeit später schreibt er dann allerdings begeistert über das Drama und die Aufführung zum hundertjährigen Geburtstag Kleists in der *Vossischen Zeitung*: Es sei das »schönste und vollendetste Stück, das uns der

7 Theodor Fontane, *Aufzeichnungen zu Heinrich von Kleists Dramen und Novellen,* zitiert nach: Kleist (s. Anm. 1), S. 125.
8 Fontane, (s. Anm. 7), S. 126.

unglückliche, an der Zeiten Missgunst gescheiterte Dichter hinterlassen hat«.[9]

Hebbels Deutung als Tragödie

Der Dramatiker Hebbel (1813–1863) versteht Kleists Drama als »Tragödie« und bezeichnet es als

> »eigentümlichste Schöpfung des deutschen Geistes, und zwar deshalb, weil in ihm durch die bloßen Schauer des Todes, durch seinen hereindunkelnden Schatten, erreicht worden ist, was in allen übrigen Tragödien (das Werk ist eine solche) nur durch den Tod selbst erreicht wird: die sittliche Läuterung und Verklärung des Helden.«[10]

Homburg als heldenhafter Patriot

Mit der Glorifizierung des preußischen Königshauses im 19. Jahrhundert wurde auch die Deutung des Prinzen immer stärker ideologisch vereinnahmt. Der Prinz war nun der heldenhafte Patriot, der bereit ist, sein Leben für den König und für das herrschende Gesetz zu opfern, und sich damit aus Patriotismus dem Wertesystem völlig unterordnet. Die historische Linie führt dabei von Fehrbellin über den Sieg über Napoleon bis zum Sieg über Frankreich im Deutsch-Französischen Krieg 1870/71. 1890 wird das Drama wegen seines »nationalen Gehalts« zur Pflicht-

9 Theodor Fontane, *Rezension einer Aufführung am Königlichen Schauspielhaus*, in: *Vossische Zeitung*, 12. Oktober 1876, zitiert nach: Kleist (s. Anm. 1), S. 127.

10 Bernd Hamacher, *Erläuterungen und Dokumente. Heinrich von Kleist, »Prinz Friedrich von Homburg«*, Stuttgart 1999 [u. ö.], S. 129.

lektüre für die letzten Klassen des Gymnasiums. Über die Wilhelminische Ära setzt sich der patriotisch gefärbte Deutungsschwerpunkt in das Dritte Reich fort. »Was für ein Kerl ist doch dieser Kleist gewesen!«, schrieb Joseph Goebbels 1941 anlässlich einer Aufführung des *Prinz Friedrich von Homburg* in sein Tagebuch.

Pflichtlektüre im Kaiserreich

Kleists Marmor-Grabstein am Kleinen Wannsee ersetzte man 1936 durch einen »würdigen« mächtigen Granitblock und änderte später die Inschrift durch ein Zitat aus *Prinz Friedrich von Homburg*: »Nun, o Unsterblichkeit, bist du ganz mein!« (V. 1830).

1939 begeisterte sich der stark nationalsozialistisch orientierte Germanist und Gymnasiallehrer Rudolf Ibel (1900–1965) am »seelischen Opfertod« des Prinzen:

Der »Opfertod« Homburgs

> »Der Staat […] lebt in besonderem Maße von Gnaden des Opfers; das heißt, wenn Menschen für einen Staat nicht mehr zu sterben bereit sind, schwindet der Sinn seiner Macht, und er stürzt eines Tages, hohl und morsch geworden, in sich zusammen. Der Prinz erleidet wohl nicht den leibhaftigen Blutstod, aber er erleidet seelisch den Opfertod.«[11]

11 Rudolf Ibel, *Der Staat und das Mysterium des Todes. Zu Kleists »Prinz Friedrich von Homburg«*, zitiert nach: Kleist (s. Anm. 1), S. 128 f.

Die gegenläufige Interpretation marxistischer Autoren wurde in Deutschland nicht wahrgenommen, befanden sich diese Autoren doch zumeist im Exil.

Kritische Perspektive Brechts

Brecht kritisiert in einem 1939 verfassten Sonett den Prinzen als einen »Ausbund von Kriegerstolz und Knechtsverstand«[12], der schließlich durch »Todesfurcht gereinigt und geläutert«[13] mit »Todesschweiß« auf dem »Rücken« liegt.

Opernfassung des Dramas 1958

Nach dem Zweiten Weltkrieg hatte Kleists *Prinz Friedrich von Homburg* zunächst mit der negativen Belastung zu kämpfen, ein nationalistisches und militaristisches Schauspiel zu sein. Umso erstaunlicher war es, dass schon 1958 einer der bedeutendsten deutschen Komponisten des 20. Jahrhunderts, Hans Werner Henze (1926–2012), zusammen mit der Dichterin Ingeborg Bachmann (1926–1973) als Librettistin eine Opernfassung des Dramas komponierte. Hinter der antinapoleonischen Fassade sahen beide Künstler als eigentliches Drama den generellen Konflikt zwischen Individuum und Staatsmacht, zwischen Gewalt einer herrschenden Macht und dem Mut, sich ihr zu widersetzen.

Kleists Scheitern im Leben, sein Selbstmord und sein Außenseitertum wurden seit den 70er Jahren verstärkt zur Deutung des Dramas herangezogen, zu-

12 Bertold Brecht, *Über Kleists Stück »Der Prinz von Homburg«*, zitiert nach: Kleist (s. Anm. 1), S. 134.

13 Bertold Brecht, *Über Kleists Stück »Der Prinz von Homburg«*, zitiert nach: Kleist (s. Anm. 1), S. 134.

gleich wurde die historisch-politische Dimension stärker in den Hintergrund gedrängt.

Wegweisende Inszenierung von Peter Stein

Wegweisend für die Deutung des Dramas in den 80er Jahren wurde die Berliner Bearbeitung *Kleists Traum vom Prinzen von Homburg*, die Peter Stein (geb. 1937) zusammen mit dem Dramaturgen Botho Strauß (geb. 1944) 1972 für die Schaubühne am Halleschen Ufer mit Bruno Ganz in der Hauptrolle inszenierte. Einer der zentralen Gedanken war die Verknüpfung der Traumwelt des Prinzen mit der qualvollen Welt Kleists. »[...] alles Traum in diesem Schauspiel«, schreibt Botho Strauß im Programmheft der Aufführung.

Homburgs Traum vom Glück und Kleists Unglück

> »Der Traum des armen Heinrich Kleist vom glücklichen Prinzen Homburg, der, zart und mächtig, unter der Gefahr des Todes, seine großen Sehnsüchte und Wunschbilder gegen die herrschenden engen Lebensbedingungen durchsetzt und schließlich, wie im Wunder, ihre paradiesische Erfüllung erlebt. Und gleichzeitig verwandelt sich die kalte, schwache, weil nurmehr formal funktionierende Staatsordnung in eine lebenskräftige, menschenwürdige politische Gemeinschaft, in der der Außenseiter, Verurteilte, gesellschaftlich ›Kranke‹ zum ersten Helden aufsteigt.«[14]

14 Botho Strauß, *Kleists Traum vom Prinzen von Homburg. Programmheft zu Heinrich von Kleists »Prinz Friedrich von Homburg«*, Schaubühne am Halleschen Ufer, Berlin 1972. Zitiert nach: Kleist (s. Anm. 1), S. 130.

Und so endet das Drama auf der Bühne auch gespalten. Zunächst scheint es, als trüge man den Prinzen am Ende auf den Schultern neuen Schlachten entgegen, doch dann wird erkennbar, dass auf den Schultern eine Puppe herausgetragen wird, während der Prinz träumend im Staub zurückbleibt. Wie weit Stein den Prinzen mit Kleist in Verbindung setzt, wird am Bühnenbild erkennbar. Er hat das Gemälde »Mönch am Meer« (1808–10) von Caspar David Friedrich (1774–1840) als Hintergrund der Bühne gewählt. Caspar David Friedrich gilt als einer der bedeutendsten Künstler der deutschen Romantik. 1810 hatte Kleist dieses Bild in Bezug auf die eigene Situation gedeutet und in den *Berliner Abendblättern* am 13. Oktober 1810 geschrieben: »und so ward ich selbst der Kapuziner [...]. Nichts kann trauriger und unbehaglicher sein, als diese Stellung in der Welt: Der einzige Lebensfunke im weiten Reiche des Todes, der einsame Mittelpunkt im einsamen Kreis. Das Bild liegt [...] wie die Apokalypse da [...]«.[15]

Der Germanist Beda Allemann negiert eine Entwicklung des Prinzen. Er meint, dass der Prinz am Schluss auf den »Nullpunkt« der Handlung zurückfällt. Zudem könne er keineswegs, wie man auf den ersten Blick glaube, als schuldlos angesehen werden, denn in Wirklichkeit habe er durch sein befehlswidriges Eingreifen dem Staat erheblich geschadet.

15 Heinrich von Kleist, *Berliner Abendblätter. 12tes Blatt. Den 13ten October 1810*, in: *Sämtliche Werke*, Bd. 2,7, hrsg. von Roland Reuß und Peter Staengle, Basel 1997, S. 61.

9. Prüfungsaufgaben mit Lösungshinweisen

Aufgabe 1: Aspektgeleitete Interpretation

Bei einer aspektgeleiteten Interpretation konzentriert man sich auf ausgewählte bzw. vorgegebene Untersuchungsaspekte wie beispielsweise die Entwicklung einer Figur. Neben der zentralen Textstelle, die hier benannt ist, müssen weitere Textpassagen identifiziert und interpretiert werden, die in Zusammenhang mit der Fragestellung stehen. Auch die Bedeutung des untersuchten Aspekts für die gesamte Handlung ist zu berücksichtigen.

Arbeitsauftrag: Zeigen Sie anhand des 7. Auftritts im 5. Akt die gewandelte Einstellung des Prinzen und benennen Sie dessen Beweggründe.

Lösungshinweise

1. Einleitung

- Einordnung in den Gesamtzusammenhang und kurze Darstellung der Bedeutung der Szene.

2. Hauptteil

2.1 Einstellung des Prinzen bis zum 5. Akt

- zunächst: leichtfertig, spontan handelnd, gegen Befehle verstoßend, mangelnde Trennung von Privatem und Öffentlichem, uneinsichtig (z. B. V. 322 ff., 485 ff., 777 ff., 868 ff.)

- schließlich: verzweifelt und voller Todesfurcht, abweisend gegenüber Natalie

2.2 Innere Wandlung im 7. Aufzug

- bedankt sich bei Kottwitz für seinen Einsatz und seine Unterstützung, verhindert einen Aufstand, indem er Kottwitz bittet, ins Lager zurückzukehren
- konfliktlösend: bekennt sich dazu, das Gesetz des Kriegs verletzt zu haben
- opferbereit: will das Gesetz und die Rechtsprechung durch einen freien Tod akzeptieren
- versöhnlich: Bitte an den Kurfürsten, ihm zu verzeihen

3. **Politische Botschaft** des Prinzen an alle Offiziere:

- Kampfansage an die »Fremdlinge« (V. 1759), die Feinde Preußens
- Freiheit für Brandenburg
- letzte Bitte: keine politische Verheiratung der Prinzessin

4. Schluss

- Der Prinz gibt dem Kurfürsten durch seine Einsicht und die Akzeptanz des Urteils die Möglichkeit zur Begnadigung, denn nun steht der Herrscher weiterhin als höchste Autorität vor seinen Offizieren. Er kann Gnade zeigen und zum weiteren Kampf aufrufen.

Aufgabe 2: Analyse einer Szene

Die Analyse einer Szene hat die Aufgabe, die wichtigsten Merkmale dramatischer Szenen (Ort, Zeit, Figuren, Charakteristik und Sprache sowie Handlung und Funktion im Zusammenhang) so herauszuarbeiten, dass in der abschließenden Synthese die Besonderheit der Szene deutlich wird.

Arbeitsauftrag: Analysieren Sie den 1. Auftritt im 1. Akt und arbeiten Sie die Bedeutung der Szene heraus.

Lösungshinweise

1. Einleitung

- Name des Autors, Titel; kurze Angabe des Inhalts: somnambuler Prinz, der einen zentralen Befehl überhört, gegen ausdrücklichen Befehl in die Schlacht eingreift, siegreich ist, aber wegen Insubordination zum Tode verurteilt wird, seine Schuld anerkennt, aufgrund seiner Reue begnadigt wird. Anschließend im Hauptteil Fokus auf die erste Szene: Garten in Fehrbellin.

2. Hauptteil

- Einordnung (nach Funktion): Exposition (Einleitung) des Dramas. Zeit, Ort und wichtige handelnde Figuren werden gezeigt, zudem wird die Thematik des Stücks angedeutet.

- Ort: Garten (französischer Stil als Hinweis auf Strenge und Ordnung), Schloss (Hauptquartier der Armee, Hinweis auf Stellung der Figuren) und Rampe (symbolhaft für Auf- und Abstieg).
- Zeit: Nacht (Nähe zum Traum und Nachtwandeln).
- Situation: Der Prinz hat den Aufbruch seiner Truppe versäumt, Graf Hohenzollern führt den Kurfürst, dessen Frau, die heimlich geliebte Natalie und weitere Hofleute zu dem träumenden Prinzen, der einen Kranz flicht.
- Figurenkonstellation: Die Kurfürstin und Natalie betrachten das Geschehen mit Sorge, sie halten den Prinzen für krank; der Kurfürst ist überrascht und neugierig, was den Prinzen »bewegt«, kann aber Homburgs Zustand nicht beurteilen, hält ihn für handlungsfähig (»wie weit er's treibt«, V. 64); Graf Hohenzollern, der die Hofgesellschaft – wohl zur Belustigung – an diesen Ort geführt hat, kennt die somnambulen Zustände des Prinzen und kann vorhersagen, dass der Prinz, wenn man ihn anspricht, in Ohnmacht fällt.
- Sprache: Graf Hohenzollern leitet die Szene mit einem ausführlichen Bericht ein. Im Dialog werden von den Handelnden vermehrt Ausrufe- und Befehlssätze verwendet: als Zeichen ihrer Überraschung über das Verhalten des Prinzen oder als Ausdruck der Machtposition, die sie im Figurengefüge innehaben.
- Handlung: Der Prinz flicht wortlos träumend einen Kranz. Graf Hohenzollern vermutet, dass er nachtwandelnd für die kommende Schlacht einen Siegeskranz anfertigt. Der Kurfürst nimmt diesen Gedanken auf.

Er überprüft die Idee, indem er dem Prinzen den Kranz aus der Hand nimmt, ihn der Prinzessin Natalie gibt und seine kurfürstliche Halskette darum schlingt. Indem er Natalie den Kranz überreichen lässt, verknüpft er den militärischen Gedanken an einen Sieg mit der privaten Hoffnung, die Gunst der Prinzessin Natalie erringen zu können. Im Traum versunken, verrät der Prinz vor der gesamten Hofgesellschaft seine geheimsten Wünsche: den Kurfürsten und die Kurfürstin als Eltern und Natalie als Braut zu haben.

- Der Kurfürst ist erschrocken von dem, was er gerade erlebt hat. Er versucht den Prinzen – wie ein Gespenst – »ins Nichts« zurückzuweisen.

3. Bedeutung der Szene

- Diese Szene, die sich ähnlich am Schluss wiederholt, ist der Ausgangspunkt des Dramas. Sie bestimmt das gesamte Handeln des Prinzen: seine träumerische Zerstreutheit, seinen impulsiven Angriff entgegen der Befehlsausgabe, seinen Glauben an Glück und Liebe.

4. Deutung

- Sowohl der Graf Hohenzollern als auch der Kurfürst sind verantwortlich für das Fehlverhalten des Prinzen, indem sie wissentlich den somnambulen Zustand und die Geistesabwesenheit des Prinzen ausgenutzt und dessen Verwirrung zu verantworten haben.

Aufgabe 3: Figurenanalyse

Bei einer Figurenanalyse untersucht man das Wesen, den Charakter der Figuren. Man unterscheidet hier die indirekte von der direkten Charakteristik. Die indirekte Charakteristik basiert auf Betrachtungen der Figuren: Wie sprechen die handelnden Figuren (Wortwahl, Satzbau, sprachliche Besonderheiten)? Kann man Sprechstrategien erkennen? Wie verhalten sie sich (Regieanweisungen beachten!)? Welche Ziele verfolgen sie? Wie ist die Beziehung der Figuren zueinander?

Eine weitere Möglichkeit ist die direkte Charakteristik. Dabei werden die Einschätzungen und Meinungen anderer Figuren, die zu analysierende Figur betreffend, in die Charakteristik mit einbezogen.

Einleitend sollte auf die persönlichen Daten der Figur eingegangen werden: Herkunft, Stellung, Alter, Position im Figurengefüge.

Im weiteren Teil geht es darum, anhand der Verhaltensweisen und des Kommunikationsverhaltens (welche Interessen verfolgt die Figur? Wie?) sowie der Argumente auf den Charakter zu schließen.

Arbeitsauftrag: Charakterisieren Sie Kottwitz auf der Grundlage des 5. Auftritts im 5. Akt.

Lösungshinweise

1. Einleitung

- Obrist, kommandiert unter Homburg die Reiterei, »alter Krieger« (V. 1524); daher kampf- und kriegserfahren, loyal und einsatzbereit, lässt sich aber auch zu spontanen gefährlichen Einsätzen hinreißen (durch Homburg); naturverbunden (vor der Schlacht).

2. Hauptteil

- Anlass des Gesprächs: Übergabe der Bittschrift aller Offiziere, für die Kottwitz spricht.
- Worum geht es in dem Gespräch?
- Zunächst ist der Kurfürst überrascht, dass Kottwitz Homburg verteidigt: Kottwitz begründet seine Ansicht damit, dass ohne den Angriff von Homburg der Sieg nicht zu erringen gewesen wäre.
- Welche Positionen werden vertreten?
- Gegensätzliche auf der Grundlage des kurfürstlichen Befehls und der Schlachteinschätzung durch Kottwitz. Der Kurfürst begründet sein Urteil mit »Gesetz« (V. 1567) und »Ungehorsam« (V. 1565), Kottwitz lenkt mit dem Hinweis auf kommende Schlachten ein und verweist auf den Sieg.
- Welche Argumente gibt es?
- Der Kurfürst besteht darauf, keinen Sieg aus Zufall erringen zu wollen, sondern nur aufgrund von Gesetz und Befehl! Dies setze Ordnung und Gehorsam voraus.
- Wie verläuft das Gespräch?
- Kottwitz erläutert sehr ausführlich, dass er das Gesetz

des Herrschers nicht so hoch setzen könne, dass er dafür sein Leben gäbe. Für ihn ist das Vaterland die höchste Instanz. Auch beansprucht er, »frei« und »unabhängig« (V. 1592) kämpfen zu können, nicht nach Regeln, das sei »schlechte, / Kurzsichtge Staatskunst« (V. 1583 f.).

- An dieser Stelle erklärt der Kurfürst, dass er Kottwitz für einen »wunderlichen« Kopf (V. 1609) hält. Dies ist die Wende und das Ende des Gesprächs.
- Welche sprachlichen Merkmale bestimmen das Gespräch?
- Zunächst klare Aussagen, Situationsbeschreibung und Begründung des Handelns (sachlich und ruhig). Im 2. Teil stärker emotional – rhetorische Fragen, Bilder (»Drachen«, V. 1550), Allgemeinplatz (»Rom«, V. 1560). Im 3. Teil aufgewühlt und sehr emotional (Wiederholungen mit Steigerung). Wiederum Fragen, Ausrufsätze, starker Ich-Bezug (V. 1588 ff.: »Schütt ich mein Blut dir, an dem Tag der Schlacht, / Für Sold, sei's Geld, sei's Ehre, in den Staub? / Behüte Gott, dazu ist es zu gut!«).

3. Charakteristik

- mutig, wie er dem Kurfürsten gegenübertritt
- sehr engagiert und geprägt von vaterländischem Ethos
- geschickt argumentierend und überzeugend

10. Literaturhinweise/Medienempfehlungen

Textausgaben

In dem vorliegenden Band wird nach der folgenden Ausgabe zitiert:

Kleist, Heinrich von: Prinz Friedrich von Homburg. Ein Schauspiel. Hrsg. von Wolf Dieter Hellberg. Stuttgart: Reclam, 2015. (Reclam XL. Text und Kontext. 19239.)

Gesamtausgaben

Kleist, Heinrich von: Sämtliche Werke und Briefe. Hrsg. von Helmut Sembdner. 7 Bde. München 1964.

Kleist, Heinrich von: Sämtliche Werke. Hrsg. von Roland Reuß / Peter Staengle. 7 Bde. Brandenburger Ausgabe. Frankfurt a. M. 1997.

Sekundärliteratur

Allemann, Beda: Heinrich von Kleist. Ein dramaturgisches Modell. Hrsg. von Eckart Oehlenschläger. Bielefeld 2005.

Blamberger, Günter: Heinrich von Kleist. Frankfurt a. M. 2011.

Clark, Christopher: Preußen. Aufstieg und Niedergang. 1600 – 1947. München 2008.

François, Karl von: Ein deutsches Soldatenleben. Nach hinterlassenen Memoiren von Clothilde v. Schwartzkoppen. Schwerin 1873.

Freud, Sigmund: Über Träume und Traumdeutung. Hrsg. von Christoph Türcke. München 2010.

Genazino, Wilhelm: Die Flucht in die Ohnmacht. In: Akzente 55 (2008) H. 4. S. 366–373.

Hamacher, Bernd: Erläuterungen und Dokumente. Heinrich von Kleist: *Prinz Friedrich von Homburg*. Stuttgart 1999 [u. ö.]. (Reclams Universal-Bibliothek. 8147.)

Hinderer, Walter: Prinz Friedrich von Homburg. In: W. H. (Hrsg.): Kleists Dramen. Stuttgart 1997 [u. ö.]. S. 144–185. (Reclams Universal-Bibliothek. 17502.)

Ibel, Rudolf: Der Staat und das Mysterium des Todes. Zu Kleists *Prinz Friedrich von Homburg*. In: Busch, Rolf: Imperialistische und faschistische Kleist-Rezeption: 1890–1945. Frankfurt a. M. 1974.

Just, Renate: Recht und Gnade in Heinrich von Kleists Schauspiel *Prinz Friedrich von Homburg*. Göttingen 1993. (Quellen und Forschungen zum Recht und seiner Geschichte.)

Krause, Karl Heinrich (Bearb.): Mein Vaterland unter den hohenzollerischen Regenten. Ein Lesebuch für Freunde der Geschichte. Teil 2. Halle 1803–1805.

Lurker, Manfred: Wörterbuch der Symbolik. 5., durchges. u. erw. Aufl. Suttgart 1991.

Maßenbach, Christian August Ludwig: Historische Denkwürdigkeiten zur Geschichte des Verfalls des preußischen Staats seit dem Jahre 1794 nebst seinem Tagebuche über den Feldzug von 1806. 2 Bde. Amsterdam 1809.

Matt, Peter von: Verkommene Söhne, mißratene Töchter. Familiendesaster in der Literatur. München/Wien 1995.

Michalzik, Peter: Kleist. Dichter, Krieger, Seelensucher. Berlin 2011.

Müller-Salget, Klaus: Heinrich von Kleist. 2., durchges. u. überarb. Auflage. Stuttgart 2011. (Reclams Universal-Bibliothek. 17635.)

Rosendorfer, Herbert: Der Prinz von Homburg. Biographie. München 1991.

Schmidt, Jochen: Heinrich von Kleist. Die Dramen und Erzählungen in ihrer Epoche. Darmstadt 2003.

Selbmann, Rolf: Deutsche Klassik. Epochen – Autoren – Werke. Paderborn 2005.

Sembdner, Helmut (Hrsg.): Heinrich von Kleists Nachruhm. München 1997.

Sembdner, Helmut (Hrsg.): Heinrich von Kleists Lebensspuren. 7., erw. Neuausg. München 1996.

Ueding, Gert (Hrsg.): Klassik und Romantik. Deutsche Literatur im Zeitalter der Französischen Revolution 1789–1815. München 1988.

Filme

Amour Fou. Spielfilm. Drehbuch und Regie: Jessica Hausner. 2014. 96 Min. Mit Christian Friedel als Heinrich von Kleist und Birte Schnöink als Henriette Vogel.

Die Akte Kleist. Dokumentation. Regie: Hedwig Schmutte / Torsten Striegnitz. 2010. 52 Min. Eine Produktion der Gebrueder Beetz Filmproduktion.

Heinrich. Drehbuch und Regie: Helma Sanders-Brahms. 1977. 125 Min.

11. Zentrale Begriffe und Definitionen

Akt: größerer Handlungsabschnitt eines Dramas. ➤ Klassische Dramen gliedern sich zumeist in fünf oder drei Akte. Jeder Akt hat eine besondere Funktion im Handlungsaufbau. Die Akte wiederum sind in mehrere Auftritte oder Szenen gegliedert. Kleist wählte für den *Prinz Friedrich von Homburg* das ➤ Fünfaktschema.

➤ S. 58 ff., 61

Allegorie: griech. *allegorein* ›bildlich reden‹. Die Allegorie gehört zur klassischen Bildlichkeit und dient der Veranschaulichung abstrakter Begriffe. Dabei helfen bestimmte Attribute, die auf das Gemeinte, die Sachebene hindeuten. Fortuna bspw. wird häufig mit einem Rad (Lebenslauf), einem Füllhorn oder auf einer Kugel balancierend dargestellt.

➤ S. 79

Antilabe: ➤ Sprechhandlung

Blankvers: engl. *blank verse* ›reimloser Vers‹; reimloser, fünfhebiger Jambus; seit Lessing ist der Blankvers Modell für das ➤ klassische deutsche Drama. Er hat keinen festen Einschnitt (Zäsur), ermöglicht häufig ➤ Enjambements.

➤ S. 61, 63, 65

Charakterisierung: Die Art und Weise, wie der Charakter einer ➤ Figur vor dem Zuschauer entwickelt wird. Die direkte Charakterisierung wird durch andere Figuren, basierend auf deren Meinungen und Aussagen, vorgenommen, die indirekte Charakterisierung entsteht durch Verhalten (auch Regieanweisungen) und Äußerungen der Figur selbst.

➤ S. 67, 124

Dialog: ➤ Sprechhandlung

Drei Einheiten: Grundregel des klassischen aristotelischen Theaters. Einheit der ➤ Handlung – geradliniger Handlungsverlauf; Einheit des Ortes – Handlung spielt an einem festen Ort; Einheit der Zeit – die Handlung verläuft an einem Tag.

➤ S. 61 f.

Enjambement: frz. *enjamber* ›überschreiten‹. Zeilensprung; eine Aussage geht über das Versende hinaus bis in die nächste Zeile hinein.

➤ S. 64

Exposition: lat. *expositio* ›Darlegung‹. Die Eröffnungsszene eines ➤ klassischen Dramas: Hauptfiguren, Ort und Zeit werden benannt, manchmal auch die Vorgeschichte des dramatischen Konflikts erläutert.

➤ S. 58, 93, 121

Figuren: die im Drama handelnden Figuren. Sie können nach ihrer Bedeutung (Haupt- oder Nebenfiguren) und ihrer Funktion (Befehlshaber, Liebende, Sohn, Freund) unterschieden werden.

➤ S. 30–57, 63, 67

Figurenkonstellation: Beziehung der handelnden ➤ Figuren zueinander, dabei kann sich dieser Figurenaufbau verändern, weil sich das Beziehungsgeflecht im Drama wandelt.

➤ S. 30

Fünfaktschema: häufige Bauform des ➤ geschlossenen Dramas in fünf ➤ Akten. 1. Akt – ➤ Exposition (Einleitung); 2. Akt – steigende Handlung: Verschärfung des Konflikts; 3. Akt – ➤ Peripetie: Höhepunkt der Handlung, unerwartete Wendung; 4. Akt – ➤Retardierendes Moment: Erhöhung der Spannung durch Hinauszögern der weiteren Entwicklung; 5. Akt – Katastrophe oder Lösung des Konflikts.

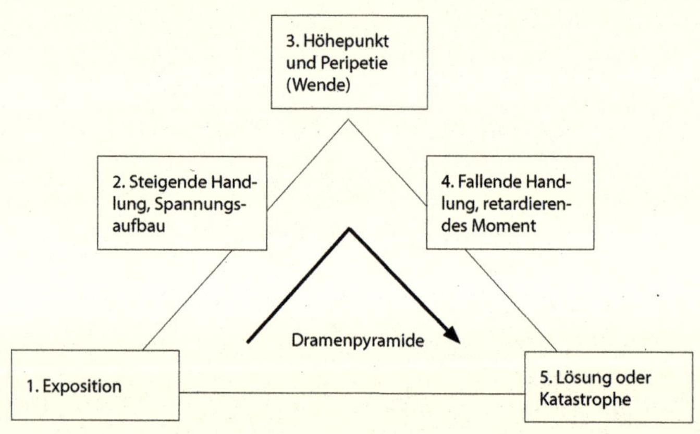

➤S. 61

Geschlossene Form: Diese Form des Dramas beinhaltet eine einheitliche, vorwärtsstrebende ➤Handlung, die in einem einzigen Spannungsbogen auf die Konfliktlösung zuläuft, in der Regel die ➤drei Einheiten befolgt und fünf Akte aufweist.

➤S. 61 ff.

Handlung: Ablauf der Geschehnisse im Drama. Handlungen werden immer von Menschen verursacht und vorangetrieben. Zu unterscheiden sind innere Handlung (was die ➤Figuren denken, fühlen, planen) und äußere Handlung (was die Figuren tun).

Zur Handlung gehören die handelnden Figuren und alle Ereignisse, die sie durch ihre Taten und Aussagen auslösen.

➤ S. 32, 58 ff., 61 ff., 102

Insubordination: zusammengesetzt aus lat. *in* ›un‹ (negierende Vorsilbe), *subordinatio* ›Unterordnung‹; militärische Befehlsverweigerung.

➤ S. 84 f.

Klassisches Drama: Klare Gliederung in Akte und Szenen; abgeschlossene ➤ Handlung; Einheit von Ort, Zeit und Handlung wird eingehalten; Tragödie endet in Katastrophe, Komödie und ➤ Schauspiel enden mit einer Lösung (Auflösung).

➤ S. 61 ff., 101 f.

Monolog: ➤ Sprechhandlung

Mythos: griech. *mýthos* ›Erzählung‹. Geschichten von Götter- und Heldentaten sowie anderen herausragenden Ereignissen aus vergangenen Zeiten.

➤ S. 72–76

Peripetie: griech. *peripeteia* ›plötzlicher Umschwung‹. Höhepunkt und oftmals unerwartetes Umschlagen der ➤ Handlung, das Geschehen nimmt plötzlich für die Hauptfiguren einen schlechten Verlauf (= Tragödie).

➤ S. 59

Polysyndeton: griech. *poly* ›viel‹; *syndetos* ›verbunden‹. Die Verbindung mehrerer Wörter oder Satzteile durch dieselbe Konjunktion. Beispiel: »Und jauchzt und weint und spräche: du gefällst mir!« (V. 1388).

➤ S. 69

Retardierendes Moment: lat. *retardio* ›Verzögerung‹. Das spannungssteigernde Hinauszögern der ➤ Handlung (meist im vierten ➤ Akt), die oftmals noch einen alternativen Ausweg für den dramatischen Konflikt möglich erscheinen lässt.

➤ S. 59

Rezeption: lat. *receptio* ›Aufnahme‹. Die Art und Weise, wie ein Werk durch Leser, Zuhörer oder Betrachter aufgenommen und beurteilt wird.

➤ S. 111–118

Schauspiel: Begriff für alle Gattungen des Dramas. Zudem eine eigene Gattung, die sich insofern von Tragödie und Komödie unterscheidet, dass sie auf den katastrophalen Ausgang verzichtet, obgleich dieser zunächst im tragischen Verlauf vorgesehen ist.

➤ S. 7, 112

Sprechhandlung: Das dramatische Wort, genauer: die dramatische Rede – unterstützt durch Mimik und Gestik –, ist Handlung, Aktion. Im *Prinz Friedrich von Homburg* gibt es verschiedene Sprechhandlungen:

Antilabe: griech. *anti* ›gegen‹; lat. *labi* ›gleiten, fallen‹. Die Unterbrechung eines Sprechers durch den Einwurf eines anderen innerhalb einer Verszeile nennt man Antilabe. Dieses Stilmittel kann als Ausdruck für hohe emotionale Erregung verstanden werden.

➤ S. 64

Dialog: griech. *diálogos* ›Wechselgespräch‹. Ein Dialog ist ein Gespräch, das wechselseitig zwischen mindestens zwei ➤ Figuren geführt wird. Er ist wesentlicher Bestandteil eines Dramas: durch die sprachliche Handlung werden der Verlauf des Geschehens und das Verhalten der Figuren beeinflusst.

➤ S. 67

Monolog: griech. *monológos* ›Allein-, Einzelrede‹. Eine ➤ Figur sagt im Selbstgespräch etwas, was anderen Figuren verborgen bleibt, was der Zuschauer (der Leser) aber erfahren soll, um die Taten des Handelnden und dessen Gedanken nachvollziehen zu können.

➤ S. 13, 24, 28, 78

Ständeklausel: Nach der Dramentheorie des Aristoteles sollen in der Tragödie nur adlige ➤ Figuren vorkommen, einfache Figuren (Handwerker, Bauern, Kleinbürger) treten hingegen in der Komödie auf. Erst im bürgerlichen Trauerspiel des 18. Jahrhunderts wurde diese Norm aufgehoben.

➤ S. 63

Stoff: Material, das außerhalb der literarischen Bearbeitung als ›Ursprungsmaterial‹ zur Verfügung steht und die Grundlage zur dramatischen ➤ Handlung bietet. Er kann sich aus tatsächlichen Vorkommnissen oder aus literarischen Quellen speisen.

➤ S. 70–76

Symbol: griech. *sýmbolon* ›Wahrzeichen, Merkmal‹. Das Symbol gehört zur Bildlichkeit, es visualisiert etwas nicht offensichtlich Wahrnehmbares und verweist häufig auf eine tieferliegende Bedeutung (z. B. der Handschuh oder die Kette).

➤ S. 40, 77–84

Teichoskopie: griech. *teíchos* ›Mauer‹; *skopeín* ›blicken‹. Ein Handlungsgeschehen, das auf der Bühne nicht dargestellt werden kann, wird durch eine Figur beschrieben, welche das Geschehen betrachtet und schildert. Die Darstellung erfolgte ursprünglich, im antiken Drama, aus erhöhter

Sicht (einem Aussichtspunkt), daher auch die Bezeichnung ›Mauerschau‹.

➤ S. 62